京華通覽

历史文化名城

主编/段柄仁

琉璃厂

马建农/著

北京出版集团公司
北京出版社

图书在版编目（CIP）数据

琉璃厂 / 马建农著. — 北京 ：北京出版社，2018.3
(京华通览 / 段柄仁主编)
ISBN 978-7-200-13833-7

Ⅰ. ①琉… Ⅱ. ①马… Ⅲ. ①文化史—介绍—北京
Ⅳ. ①K291

中国版本图书馆CIP数据核字（2018）第006431号

出版人 曲 仲
策　划 安 东 于 虹
项目统筹 孙 菁 董拯民
责任编辑 白 珍
封面设计 田 晗
版式设计 云伊若水
责任印制 燕雨萌

琉璃厂
LIULICHANG
马建农 著
*
北京出版集团公司
北京出版社 出版
（北京北三环中路6号）
邮政编码：100120
网 址：www.bph.com.cn
北京出版集团公司总发行
新华书店经销
天津画中画印刷有限公司印刷
*
880毫米×1230毫米 32开本 9.125印张 188千字
2018年3月第1版 2022年11月第3次印刷
ISBN 978-7-200-13833-7
定价：45.00元

如有印装质量问题，由本社负责调换

质量监督电话：010-58572393

序

PREFACE

擦亮北京“金名片”

段柄仁

北京是中华民族的一张“金名片”。“金”在何处？可以用四句话描述：历史悠久、山河壮美、文化璀璨、地位独特。

展开一点说，这个区域在70万年前就有远古人类生存聚集，是一处人类发祥之地。据考古发掘，在房山区周口店一带，出土远古居民的头盖骨，被定名为“北京人”。这个区域也是人类都市文明发育较早，影响广泛深远之地。据历史记载，早在3000年前，就形成了燕、蓟两个方国之都，之后又多次作为诸侯国都、割据势力之都；元代作为全国政治中心，修筑了雄伟壮丽、举世瞩目的元大都；明代以此为基础进行了改造重建，形成了今天北京城的大格局；清代仍以此为首都。北京作为大都会，其文明引领全国，影响世界，被国外专家称为“世界奇观”“在地球表面上，人类最伟大的个体工程”。

北京人文的久远历史，生生不息的发展，与其山河壮美、宜生宜长的自然环境紧密相连。她坐落在华北大平原北缘，“左环沧海，右拥太行，南襟河济，北枕居庸”“龙蟠虎踞，形势雄伟，南控江淮，北连朔漠”，是我国三大地理单元——华北大平原、东北大平原、内蒙古高原的交会之处，是南北通衢的纽带，东西连接的龙头，东北亚环渤海地区的中心。这块得天独厚的地域，不仅极具区位优势，而且环境宜人，气候温和，四季分明。在高山峻岭之下，有广阔的丘陵、缓坡和平川沃土，永定河、潮白河、拒马河、温榆河和蓟运河五大水系纵横交错，如血脉遍布大地，使其顺理成章地成为人类祖居、中华帝都、中华人民共和国首都。

这块风水宝地和久远的人文历史，催生并积聚了令人垂羡的灿烂文化。文物古迹星罗棋布，不少是人类文明的顶尖之作，已有 1000 余项被确定为文物保护单位。周口店遗址、明清皇宫、八达岭长城、天坛、颐和园、明清帝王陵和大运河被列入世界文化遗产名录，60 余项被列为全国重点文物保护单位，220 余项被列为市级文物保护单位，40 片历史文化街区，加上环绕城市核心区的大运河文化带、长城文化带、西山永定河文化带和诸多的历史建筑、名镇名村、非物质文化遗产，以及数万种留存至今的历史典籍、志鉴档册、文物文化资料，《红楼梦》、“京剧”等文学艺术明珠，早已成为传承历史文明、启迪人们智慧、滋养人们心灵的瑰宝。

中华人民共和国成立后，北京发生了深刻的变化。作为国家首都的独特地位，使这座古老的城市，成为全国现代化建设的领头雁。新的《北京城市总体规划（2016年—2035年）》的制定和中共中央、国务院的批复，确定了北京是全国政治中心、文化中心、国际交往中心、科技创新中心的性质和建设国际一流的和谐宜居之都的目标，大大增加了这张“金名片”的含金量。

伴随国际局势的深刻变化，世界经济重心已逐步向亚太地区转移，而亚太地区发展最快的是东北亚的环渤海地区、这块地区的京津冀地区，而北京正是这个地区的核心，建设以北京为核心的世界级城市群，已被列入实现“两个一百年”奋斗目标、中国梦的国家战略。这就又把北京推向了中国特色社会主义新时代谱写现代化新征程壮丽篇章的引领示范地位，也预示了这块热土必将更加辉煌的前景。

北京这张“金名片”，如何精心保护，细心擦拭，全面展示其风貌，尽力挖掘其能量，使之永续发展，永放光彩并更加明亮？这是摆在北京人面前的一项历史性使命，一项应自觉承担且不可替代的职责，需要做整体性、多方面的努力。但保护、擦拭、展示、挖掘的前提是对它的全面认识，只有认识，才会珍惜，才能热爱，才可能尽心尽力、尽职尽责，创造性完成这项释能放光的事业。而解决认识问题，必须做大量的基础文化建设和知识普及工作。近些年北京市有关部门在这方面做了大量工作，先后出版了《北京通史》（10卷本）、《北京百科全书》（20卷本），各类志书近900种，以及多种年鉴、专著和资料汇编，等等，为擦亮北京这张“金名片”做了可贵的基础性贡献。但是这些著述，大多是服务于专业单位、党政领导部门和教学科研人员。如何使其承载的知识进一步普及化、大众化，出版面向更大范围的群众的读物，是当前急需弥补的弱项。为此我们启动了“京华通览”系列丛书的编写，采取简约、通俗、方便阅读的方法，从有关北京历史文化的大量书籍资料中，特别是卷帙浩繁的地方志书中，精选当前广大群众需要的知识，尽可能满足北京人以及关注北京的国内外朋友进一步了解北京的历史与现状、性质与功能、特点与亮点的需求，以达到“知北京、爱北京，合力共建美好北京”的目的。

这套丛书的内容紧紧围绕北京是全国的政治、文化、国际交往和科技创新四个中心，涵盖北京的自然环境、经济、政治、文化、社会等各方面的知识，但重点是北京的深厚灿烂的文化。突出安排了“历史文化名城”“西山永定河文化带”“大运河文化带”“长城文化带”四个系列内容。资料大部分是取自新编北京志并进行压缩、修订、补充、改编。也有从已出版的北京历史文化读物中优选改编和针对一些重要内容弥补缺失而专门组织的创作。作品的作者大多是在北京志书编纂中捉刀实干的骨干人物和在北京史志领域著述颇丰的知名专家。尹钧科、谭烈飞、吴文涛、张宝章、郗志群、姚安、马建农、王之鸿等，都有作品奉献。从这个意义上说，这套丛书中，不少作品也可称“大家小书”。

总之，擦亮北京“金名片”，就是使蕴藏于文明古都丰富多彩的优秀历史文化活起来，使充满时代精神和首都特色的社会主义创新文化强起来，进一步展现其真善美，释放其精气神，提高其含金量。

2017 年 11 月

目录

CONTENTS

概　述

“琉璃厂文化街”——北京南城一个蜚声海内外的文化街区。这里，聚集着众多经营古旧书刊、文献典籍和传统字画、文房四宝、碑帖尺牍、古玩珠宝等中国传统文化用品的店铺。通常所说的琉璃厂，东起延寿寺街、桶子胡同，西至南北柳巷，整条街全长 866 米。其中东街长 506 米，最宽处 9 米，最窄处 5 米；西街长 360 米，最宽处 15 米，最窄处 8 米。从清代康熙年后期到 20 世纪 50 年代末期，以琉璃厂东西街为中心，北至西河沿，南到虎坊桥的一个相对广泛的区域，一直是以经营文化商品及相关行业的文化消费街区。每当提到北京琉璃厂，人们自然联想到那风格独特的斋、堂、阁等仿古建筑，形态各异的店招幌子，充满文化气息的老店匾额，令人神往。人们漫步在方砖墁地的琉璃厂，环顾两厢清雅逸俊、鳞次栉比的店肆，顿觉韵味无穷；流连于坊肆之中，琳琅满目的古代典籍、金石篆刻、文房四宝、古董珍玩

今日琉璃厂

更使人沉醉在东方文化的魅力之中。由此，琉璃厂被视为中国传统文化的窗口，有“中国博物馆街”的美誉，被文人学士视为安身立命之所。甚至有的学者将这里经营古旧书刊的书店和销售文房四宝的店铺称为“开架的图书馆”“免费的博物馆”。数百年来，这里曾经集散、保护和流通了不可估量的文化财富，成为中国传统文化物质载体的“聚宝盆”，在北京的历史文化发展史上显示出特有的作用。

北京琉璃厂文化街是在北京文化发展到一定程度，由于人们对文化消费的需要和北京文化传播的客观状态而形成的。它的形成过程，体现了北京文化发展的一个方面。同时，琉璃厂的发展及其数百年的经营活动，又在客观上为北京文化的发展提供了消费服务，对北京文化发展有着积极的促进和推动作用。研究琉璃厂的历史发展历程，就是从文化经营的视角来记录和研究清代以来北京文化活动以及文化发展的状态和特点。无论是从琉璃厂各个行业所经营的类别、范围，乃至其经营的特点、经营的主要的商品，都直接或间接地反映出北京文化的发展脉络和走向。

研究北京琉璃厂的著作并不是很多，较为完备的是孙殿起辑的《琉璃厂小志》。该书以较为丰富的历史文献资料记述了琉璃厂发展的过程，并成为后人研究琉璃厂的主要文献资料。20 世纪 60 年代初，时任国家文物局局长的王冶秋先生曾撰写过一本《琉璃厂史话》，是第一部专门介绍琉璃厂的读物，其篇幅精练，文字不多，但对琉璃厂的发展历程勾画得颇为清晰。20 世纪 80 年代，叶祖孚先生也曾经撰写过《北京琉璃厂》。叶先生长期关注宣南文化的研究和资料的整理，是北京史研究的专家，他的《北京琉璃厂》对琉璃厂的介绍更为全面，是了解和研究琉璃厂历史的一本通俗读物。之后的很多研究文章以及相关的图书，对琉璃厂的介绍也很多，但往往是从一个侧面记述琉璃厂的发展。如周肇祥撰《琉璃厂杂记》、陈重远著《文物话春秋》《古玩谈旧闻》《收藏讲史话》等系列图书，讲述了大量北京琉璃厂古玩行的发展史实。这些图书为人们了解北京琉璃厂提供了很多重要的资料。

然而，在以往的研究中，人们对琉璃厂的历史沿革及其发展历程的研究并不很完整，对其历史的全貌，特别是对其在北京文化发展上的积极作用和重大贡献的阐述明显不足，更没有将这个文化街区的历史发展过程和它的经营活动放在北京文化发展的大背景下加以考察。琉璃厂文化街的发展和位于这条文化街上的书肆业、古玩业以及其他文化经营行业，虽然是京城文化发展到一定阶段的产物，但它又同时作为京城文化的一个感性化、真实化和具体的物化形态，活跃在北京文化领域。琉璃厂各个行当所经营、传播的既是中国传统文化的遗存物，又是北京不同的历史阶段文化需求和消费的直接反映，甚至成为一种文化的时尚在引导着北京文化的走向。琉璃厂的文化经营已经不再简简单单地是一本古旧书刊、一件三代吉金、一幅宋代名画，而是一种文化，一种氛围和一种文化的享受。

不管今天走到哪里，都有很多经营古玩、字画和古旧书的摊、店，特别是在许许多多的旅游景点，鳞次栉比的商摊，销售的也是号称“文物”的假古董。有的地方政府机构甚至不惜大手笔地投入，修建什么宋代一条街、明代一条街等。但是，不论是如何在模样上仿古甚至复古，总是让人觉得缺点什么，觉得不像人们心里想的、感觉的或者喜欢的那股“劲儿”，说白了，缺那种内在的“魂”。纵观琉璃厂的发展，它并没有那雕梁画栋、富丽堂皇的门面，即便是曾经为官员下朝逛厂而专门辟有客房的清秘阁，也没有那种官衙门一般的门脸。它所拥有的是文化的积淀和对传统文化的把玩，由此营造出一股浓浓的京城文玩的情调。这才是北京琉璃厂数百年来被文人雅士所讴歌、被人们所眷恋的根本。这种情调和氛围，是在琉璃厂生存的商贾们经年累月积攒起来的，虽然这些人或是江西的书商，或是山西、河北等地的商贾，但是他们在琉璃厂用自己的一生，用几代人的积累，形成了琉璃厂特有的经营门类和经营项目，形成了琉璃厂特有的经营模式和经营理念，形成了琉璃厂特有的温文尔雅、殷勤周到的待客习惯，从他们的职业生涯中散发着中国传统商贾那种儒雅的经营风格和特有的职业潜规则。他们甚至是京城文化的直接构造者，营造出一种只有在琉璃厂的店肆中徜徉、在店肆中去“淘”才能体悟到的文化氛围，构造出吸引了许许多多文人雅士的“琉璃厂文化”。

应该承认，我们今天的种种“复古”或“仿古”，之所以时常是投入巨资后而效果欠佳，原因有诸多方面。但是在文化内涵上没有去发掘、继承和营造一个具有文化底蕴的氛围，没有文化养分的积淀作为“内核”的支撑，则是其中最为关键的因素。尽管这种氛围的文化之魂难以用建筑面积或富丽堂皇的门面体现出来，尽管这种文化养分的内核无法作为一任政府的业绩而显露，但是它往往是种种“复古”或“仿古”工程项目的软肋。不深刻地发掘和探讨历史上琉璃厂的发展，不深入地研究琉璃厂所拥有的文化魅力和文化内涵，其结果将必然是又一次形象工程的败笔。

因此，从北京历史的整体环境和文化背景的大视角来研究北京琉璃厂，一方面记述琉璃厂文化街的演变过程，另一方面也总结这个文化街各个文化经营行业的行业传统和经营特点，关注其各个行当在经营中所形成的文化氛围以及对北京文化发展所起的促进作用，才能更为完整地了解琉璃厂文化街的历史渊源和深远的文化魅力，为我们今后的文化产业经营提供历史的借鉴，这是我们今天应该格外重视的课题。

岁月变迁

每当人们考证一个地域历史的时候，总是要溯本求源，追溯这一地域的历史沿革。对于有着悠久历史和丰富文化传统的琉璃厂，人们更为关注，很想知道在久远的岁月，这方土地上所发生的事情。

辽金城外的海王村

辽南京外的海王村

据现在能见到的文字记载，琉璃厂地区最早可以追溯到辽代，这里曾经是辽南京城东的燕下乡海王村。

公元907年，随着唐朝的灭亡，中原地区进入了五代十国的分裂割据时期。在北方地区，契丹渐渐地兴起，辽太祖耶律阿保机废除了契丹传统的部落选汗制度，依据中原地区的封建体制即皇帝位，成为契丹历史上第一个皇帝。辽太祖耶律阿保机积极向南扩张，并从早期的南下掠夺财物变成攫取土地和攻占城池。公元926年，耶律阿保机病亡，其子耶律德光即位，是为辽太宗。辽太宗继续实行向南扩张的战略，积极向华北发展。公元936年，石敬瑭起兵反叛后唐，为寻求北方契丹的军事支撑，便向辽太宗乞和，许愿灭后唐之后将幽燕地区及雁门关以北十六州割让给契丹，并且岁贡帛三十万匹。石敬瑭的这一举动，对辽太宗而言可谓正中下怀。为此，辽太宗封石敬瑭为“大晋皇帝”，并与石敬瑭“执手约为父子”。这就是后人常说的“儿皇帝”典故的出处。会同元年（938年），石敬瑭遣使向辽太宗送上燕云十六州的图籍，辽太宗随即将幽州城升为辽南京。石敬瑭的举措，被后人所不齿，但是他将燕云十六州拱手相送，却大大地改变了幽州城的历史发展进程。当时的辽南京与辽朝的其他地区相比，物产丰饶，人烟辐辏。据《契丹国志》记述，当时的南京城内人口达三十万之众，“大内壮丽，城北有市，陆海百货聚于其中……锦绣组绮，精绝天下。膏腴蔬蓏果实、稻粱之类，靡不毕出，而桑、柘、麻、麦、羊、豕、雉、兔，不问可知。水甘土厚，人多技艺，秀者学读书，次则习骑射，耐劳苦”。辽南京作为陪都，其城市功能开始发生重大转折，从昔日中原地区政权防范北方少数民族的军事重镇，变为契丹人吸取中原文化的重要基地和文化交流的主要城市，北方少数民族吸收中原地区先进文化的窗口。在这个过程中，许多中原政权的汉族官员先后臣服于契丹政权，并成为辽代统治的重要力量。清乾隆年间在琉璃厂发掘出来辽代大臣李内贞墓，墓主就是众多汉官之一。

清乾隆三十六年（1771 年）春季，清廷工部在琉璃厂的工匠于窑厂取土，挖掘之中，发现一座旧时墓葬，其墓中棺椁已经腐烂，而尸骨骨节巨大。清廷工部营膳司郎中孟澔疑为古代墓葬，便亲自查验，发现墓葬的墓志，说明该墓为辽代御史大夫李内贞之墓。墓志上有这样的记载：“大辽故银青崇禄大夫、检校司空、行太子左卫率府率御史上柱国、陇西李公，讳内贞……保宁十年（978 年）六月一日薨于卢龙坊私第，享年八十，其年八月八日，葬于京东燕下乡海王邨（村）。”李内贞生于唐光化二年（899 年），沩汭（应为今河北境内）人氏，原为后唐秀才，先后在雁门县、

20世纪90年代中期海王村

唐县、怀来县为官，耶律阿保机南进时，其归附契丹政权，被封为朝散大夫、检校工部尚书兼御史中丞等。辽保宁十年（978 年）六月一日李内贞以八十高龄而亡，停丧两个月后于八月八日埋葬于今天的琉璃厂一带。当时的海王村一带，河道、水洼遍布，间有高低错落的小土坡，树木草丛繁茂，环境颇为幽静。辽南京城的东城墙大概位置在今天宣武门外的校场五条一线，琉璃厂应在辽南京城的东郊。由于有李内贞的墓志记载，使得后人对辽代琉璃厂地区的地名有了直接的记录。至于燕下乡，据北京史专家、著名考古学者赵其昌先生在 1979 年考证，燕下乡在唐代的时候称为“燕夏乡”,其范围从辽代的城墙东到今东单一线。而“海王村”一名的来源，则是因为琉璃厂地区曾经拥有诸多水道、水洼而得名。

正是由于清代所发掘的李内贞的墓志记录，人们才得知，辽代的琉璃厂地区为辽南京城东郊的燕下乡海王村。可惜这块墓志当时被掩埋，只留下了孟澔录下的墓志的铭文。这是我们今天可以看到有关琉璃厂的最早的文字记录。从清乾隆年以后，人们无论是记述琉璃厂的历史，还是咏诵琉璃厂的文化情调，海王村成为人们描述琉璃厂历史中出现最多的名称，而且还常常用异体字的“海王邨”来表现。今天的中国书店总店所在地——海王村公园,就是由此而来的,公园门口还悬挂着启功先生书写的“海王邨”匾额。

延寿寺的兴旺与宋徽宗的“坐井观天”

辽金时的海王村一带不仅仅是郊坰，还因这里有延寿寺而闻名燕京城。

延寿寺始建于何时，历史上没有很明确的记载，前文所述，乾隆三十六年（1771 年）在琉璃厂发掘的李内贞墓志中，对李内贞所安葬的地点“海王村”有明确的记录,但只字未见有关“延寿寺”的记录，如果按照以后文献的记载，延寿寺为辽金时期北京地区的著名寺院，从一般的常理说应该有所涉及。而从目前所看到的文献记载中,《辽史卷六十八·游幸表》曾经记有：四月“圣宗幸延寿寺”的内容，这是迄今为止能见到的辽金时延寿寺最早的文字记载。由此可以推断，琉璃厂的延寿寺始建时间应该在 978 年（辽保宁十年）到 988 年（辽统和六年）这十年之间。

辽金时期，延寿寺是燕京城东的著名寺院，其寺院面积广阔，号称“东起五斗斋，西讫方壶斋”。这里不仅仅是香火兴盛的佛教名刹，而且还经常作为皇家举办活动的场所。尤其是在辽代，契丹皇帝经常到此巡幸。辽统和六年（988 年）四月，“圣宗幸延寿寺”。次年四月，辽圣宗再巡幸延寿寺，并在此饭僧。短短 5 年后，辽圣宗又在契丹统和十二年（994 年）四月“戊戌，以景宗石像成，幸延寿寺饭僧”。一个庙宇，6 年之中辽圣宗 3 次光顾，可见其在当时是一个颇为重要的宗教活动场所。到了辽兴宗重熙十一年（1043 年）“十二月……己酉，以宣献皇后忌日，上与皇太后素服，饭僧于延寿、悯忠、三学三寺”。皇家举办祭奠的宗教仪式，当然要选择著名寺院，以视隆重。延寿寺又一次被作为皇家举办活动的重要场所。辽宋交往，北宋常有使臣北上辽南京，辽兴宗曾在此招待北宋使臣共同观赏蹴鞠。凡此种种，足以显示出延寿寺在辽代的地位和影响。金灭辽以后，占领了辽南京，后以北宋每年重金纳贡为条件将燕云十六州归还给北宋政权。当时北宋的权臣童贯曾到燕京城的延寿寺游历，并在此刻碑记其“收复”燕京城之功，碑在清末还存在延寿寺中，后不知下落。

金代以后，延寿寺依旧在燕京城具有显著的地位和影响，特别是这里由于囚禁过宋徽宗而在历史上再次被人们所关注。

宋徽宗赵佶（1082—1135 年），为北宋第八代皇帝，宋神宗第十一子，最初封为端王。其兄宋哲宗崩于宋元符三年（1100 年），因哲宗无后，便由赵佶继位，时仅十九岁。宋徽宗在位共二十五年（1101—1125 年），先后六次改元，他怠于政治，重用蔡京、王黼等人，横征暴敛，骄奢淫逸，在封建统治历史上是较为突出的昏庸之君。徽宗崇信道教，自称道君皇帝，其心思都放在黄

宋徽宗画像

老之道上，无心顾及朝政。宋徽宗虽然在政治上极为昏庸和腐败，但是在书画造诣上具有较高的艺术成就。作为皇帝，宋徽宗的政治生涯灰暗而短促，但作为艺术家，他的确在中国古代历史上是三百四十多位帝王中最赋艺术气质、最具才华的封建皇帝。宋徽宗自幼熏染在艺术之中，喜爱诗词、戏曲、音乐、书画，尤其对中国传统书画艺术有着浓厚的兴趣和极高的水平。宋以后历朝各代，每每人们谈起书画艺术的发展，无不称颂赵佶在书画方面的艺术造诣。在书法上,他初师薛稷,草书学黄庭坚。所书写的楷书瘦劲峻丽,有“屈铁断金”之誉，自成法度，世称“瘦金体”，在我国古代书法史上独树一帜，成为后人效仿的楷模。清代历朝帝王的书法，或多或少地吸纳了赵佶的瘦金体风格，成为一种特殊的帝王书法字体。在绘画方面，宋徽宗勤于创作，善于写生，尤擅花鸟，在绘画艺术领域具有很高的成就。宋人邓椿《画继》中记述说:“徽宗皇帝，天纵将圣，艺极于神……万几余暇，别无他好，惟好画耳……笔墨天成，妙体众彩，兼备六法，独于翎毛，尤为注意，多以生漆

宋徽宗楷书

点睛，隐然豆许，高出纸素，几欲活动，众史莫能也。”张大千在论画之中也曾说：“花鸟画以宋朝为最好，因为徽宗自身就画到绝顶……”

就是这样的一个皇帝，沉湎于琴棋书画之中，在朝政的统治上却荒诞昏庸，以致北宋国力渐衰。随着北方地区女真人逐渐崛起，建立金王朝，并开始向南发展。1122 年（金天辅六年、北宋宣和四年）十二月金兵攻克辽南京，并于第二年按金宋海上之盟的约定，将燕山府交给北宋政权。1125 年（金天会三年、宋宣和七年），金兵在山西应州（今山西应县）将辽天祚帝俘获，这标志着辽王朝的彻底灭亡。随后，金政权开始大规模南征，并于这一年的十二月重新占领燕山府。此时的燕京城又成为金代重要的南进基地。天会五年（1127 年）金兵攻破汴京城，俘获宋徽宗、钦宗父子，北宋灭亡。金兵随即将汴京城的大量金银财宝以及宋朝的法驾、冠服、礼器、乐

宋徽宗《五色鹦鹉图》

宋钦宗画像

器和秘阁图书等一并劫掠到北方，并将宋徽宗和宋钦宗及其嫔妃和一些大臣一并押送北上，途经燕京城时，将宋徽宗赵佶、郑后囚禁在延寿寺内。相传在延寿寺中有一眼水井，宋徽宗常坐于井边，所以有人称此为坐井观天之处。作为一个被俘获的皇帝，赵佶此时也许只剩下坐井观天而感叹北宋王朝的命运了。他后来在北方五国城写下的诗句，也许可以淋漓尽致地刻画出他被囚于延寿寺的心情：

彻夜西风撼破扉，萧条孤馆一灯微；
家山回首三千里，目断山南无雁飞。

徽钦二帝被囚禁期间，徽宗的郑后病逝，宋钦宗还与其嫔妃等到延寿寺吊唁问安。延寿寺成了亡国之君北上的“离宫”了。后徽钦二帝被押解到上京，宋徽宗在忧郁痛苦中生活了九年，于金天会十三年（1135年）四月死于五国城。

或许因为宋徽宗在书画领域有极高的艺术造诣，使得以后琉璃厂的文化商人或者关注琉璃厂的人们，往往对宋徽宗被囚禁于琉璃厂的延寿寺描述和记录的更多。而以后的琉璃厂店肆中流通的宋徽宗的书画作品，又让这个亡国之君的影子不断在琉璃厂出现。一个在政治上昏庸无比，但是在书画领域造诣高的皇帝，就这样与琉璃厂文化街结下某种不解之缘。

金中都的延寿寺一直是一个远近闻名的寺院，南宋使臣洪皓在他的《松漠纪闻》中记载：“延寿寺院主有质坊二十八所，僧职有正副判录，或乎司空。”其院主有如此的势力，延寿寺在当时的地位可见一斑。

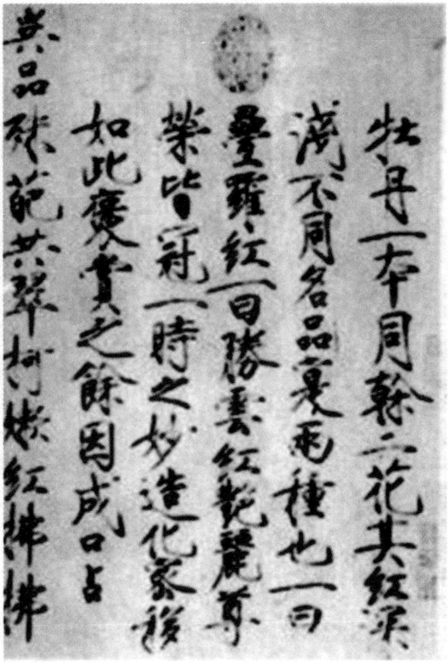
宋徽宗之牡丹诗册

元代时，延寿寺逐渐衰落，到明代时已经败落。明正统六年（1441 年），有人在开渠时曾经掘得断碑一块，碑上残存的文字可以验证辽金时延寿寺的状态。正统年间，曾经对延寿寺重新整修，但到清代以后，延寿寺逐渐衰败。光绪二十六年（1900 年）庚子之变，八国联军攻占北京，曾经焚毁大量城内建筑，延寿寺也在劫难逃，一同被毁。如今仅仅留下了延寿寺街的地名，但辽金巨刹的历史往事，依旧被人们不断地传诵着，成为琉璃厂地区历史沿革中一段多彩的篇章。

元明期间的琉璃厂窑

琉璃厂窑的兴起及发展

“琉璃”，古代又作“流离”“瑠璃”，是一种有色半透明的矿物质材料。后来往往泛指在陶质的筒瓦、板瓦、脊瓦及其他建筑构件上烧制一层薄薄的、细腻的彩色釉的建筑构件。早在西周时期我国就出现了用陶质板瓦和筒瓦建造的屋宇，战国时期已经出现琉璃工艺制作的器物。但当时所制作的琉璃器物质料不纯，甚至与料器相混淆。大约在南北朝时期开始出现琉璃构件建造的房屋。宋代时用琉璃烧制建筑构件的工艺趋于成熟。元代时，琉璃建筑构件已经广为使用，特别是明、清两代，烧制琉璃制品的工艺水平达到了顶峰，不仅烧制的物件品种丰富，而且在釉色上也从一般的黄、绿、蓝三色发展到翡翠绿、孔雀蓝、紫晶色以及黑白等一二十种釉色。古代建筑中，宫殿、城楼、庙宇、亭榭以及标志性的建筑，如牌坊等，都大量使用琉璃构件。甚至有的建筑本身就是用琉璃构件装饰修建的，像琉璃牌楼、琉璃影壁等。

中国的古代建筑，很注重色彩的运用，并且作为一种地位和身份的象征列入典章制度之中。帝王的宫殿，皇家敕建的庙宇，屋顶使用黄色琉璃瓦，其出自《易经》所言："君子黄中通理，正位居体，美在其中而畅于四支，发于事业，美之至也！"因此，从唐代起，黄色一直是历代帝王所独享的，皇家的宫殿自然也是用黄色的琉璃瓦来装饰。在碧蓝的天空映衬下，阳光照耀着金碧辉煌的巍峨的大殿屋顶，既凸现了中国传统的审美意识，又彰显了皇家至高无上的华贵威严。祭天的天坛，因古人的天人合一思想，将天坛的宝顶用蓝色的琉璃瓦铺设，构成与天一色的壮观场景。庭院里的水榭、凉亭，孕育着古人对回归大自然的渴求，往往以绿色的琉璃瓦装点。此外，都城的城门楼、达官显贵的府第，因其修筑考究，也时常用琉璃瓦装饰。但凡是比较讲究的建筑，用彩色琉璃瓦或琉璃构件，既显示出传统的审美情调，又可以让建筑的质量有所保障，琉璃构件便大量地在古建筑中使用。作为元、明、清的都城，北京城的修建，琉璃构件便成为建筑材料中重要的构件。

明故宫散落的黄釉龙纹琉璃瓦

13 世纪初叶，北方地区的蒙古族部落迅速发展起来，由成吉思汗建立起的蒙古汗国迅速崛起，并在贞祐三年（1215 年）五月攻破金中都，蒙古兵在城中大肆抢劫，将金银财宝和各样货物掳掠而去。随后，金代宫殿被付之一炬，熊熊大火烧了一个多月。一座曾经辉煌的金中都在烈火中消亡，据说成吉思汗曾面对被焚毁的金中都感慨万千。蒙古军攻下金中都之后，又将中都城改称燕京。

中统元年（1260 年），忽必烈继承汗位后，开始对蒙古的旧制度进行改造，逐步吸纳中原地区的儒家文化养分，为都城南迁做准备。至元元年（1264 年），忽必烈将燕京城改名为中都，并开始将其统治中心渐渐地向南移动。中统年间（1260—1263 年），刘秉忠就受命在燕京城营建皇城和宫殿。他经过多方勘察和规划，选择在金代中都城东北方向的万宁宫为中心，兴建新的都城。为兴建新的皇城和都城，蒙古统治者连年增设机构，充设官员。中统二年（1261 年）十二月"立宫殿府，秩正四品，专职营缮"。到至元四年（1267 年），元大都城的营建正式开工。

元大都城坐北朝南，呈正方形。它的南墙在今天的东西长安街一线，北墙在德胜门外八里的小关一带。东、西两侧的南段大体上与后来的城墙相合。城周实测为二万八千六百米，十一门。其皇城位于城南偏西。元大都城的规划和设计在当时是极为先进和科学的，在城市营建的工程水平与科学布局上都是一流的。元大都的设计是按古制王都"左祖右社，前朝后市"来规划的。皇城即为"前朝"，它坐北朝南；钟鼓楼和什刹海沿岸商业区即为"后市"。皇城以东建有太庙，用于祭祀祖先，也就是"左祖"。城西建有社稷坛，祭奉土地和五谷之神，这是"右社"。元代的皇城南侧以大明殿为主，北面以延春阁为中心点。大明殿、延春阁以及清宁宫等高大的建筑形成一个中轴线。

建造起这样的一个规模宏大的帝国都城，而且是重新建造

今日的琉璃厂早已看不到旧时的面貌

所有的皇宫的宫殿、城墙的城楼以及其他的城市建筑，必然需要大量的建筑构件。元代统治者对琉璃瓦构筑的宫殿总是那样的倾心，金黄的琉璃瓦在耀眼的阳光下，闪烁着迷人的光彩。以至于马可·波罗在描述元代大都城的宫殿时，竟将皇宫宫殿上面形容为铺满黄金的瓦。《马可·波罗游记》对元大都的描述引起欧洲人对中国的强烈兴趣，以至于多少年来欧洲人总认为元大都的宫殿是那样的富丽堂皇，遍布黄金，这里面很大程度上和琉璃瓦有着一定的关联。建筑这样一个皇城，对琉璃构件的需要极其迫切，昔日的海王村便成为烧制琉璃构件的窑场。海王村位于元大都城的南侧，距离大都城的位置比较接近，但又在城市的外面。这里地旷人稀，有一些水洼、河道，在这里建立琉璃窑，烧制琉璃瓦，既可以利用河道从西山将烧窑的木柴、煤炭源源不断地运抵海王村，又可以在地旷人稀之处取土建窑，颇为便利。从此，这里便成为烧制琉璃构件的主要窑区。应该说，正是由于元大都的建造，才让“琉璃”一词在琉璃厂地区的地名上开始出现，并且一直延续下来。

当然，“琉璃厂”的出现，则是因为一个全新的王朝为它的产生提供了一个不可多得的机遇。

元代末年，统治者的暴政引发了大规模的农民起义。朱元璋率领起义军逐渐统一了江南地区，并于洪武元年（1368 年）登基称帝，建立起明王朝。朱元璋在称帝之前就派遣大将徐达北伐讨元，明洪武元年（1368 年）八月，明军攻进元大都城，元顺帝北逃。为灭除元朝的“王气”，明军按照朱元璋的指令，将元大都的城垣以及元代的皇宫悉数拆除毁坏，仅仅留下太液池附近的部分宫殿，后来成为燕王朱棣的王府。所以今天的北京城内，元代的历史遗存颇为少见。靖难之役，燕王朱棣推翻了建文帝，自己登上皇位，改元永乐，是为明成祖。明成祖登基后，将其都城确定在北京，他下诏开始修建北京城和皇宫。明永乐五年（1407 年）五月，开始大规模修建皇宫。前后十几年，北京城从城墙、城门以及皇宫、庙坛等陆续修筑完毕。明永乐十八年（1420 年）十一月，北京宫殿、城池基本修筑完成，“（北京）凡庙社、郊祀、坛场、宫殿、门阙，规划悉如南京，而高敞壮丽过之”。第二年正月初一，明成祖正式迁都北京。

在北京城的营建过程中，由于如此大的规模，对建筑用料的

旧时琉璃厂官衙使用的水塔

需求很大，其中琉璃构件需求量更大。我们今天看到的北京城的古建筑，绝大部分是明代修建的。紫禁城的皇宫、各个坛庙、各个城门楼子等，不同色彩的琉璃构件将明代的建筑装点得绚丽多彩。清代也基本上沿袭明代北京城的建筑格局，形成了今天我们所见到的北京城。但是在修筑北京城的过程中，明代统治者费尽了心机。永乐初年，修建北京城的各个作坊和工场基本上是官营，由内务府和工部管理。当时为了贮存建筑材料和加工建筑构件，明官府在北京建立了五大厂，即神木厂、大木厂、黑窑厂、台基厂和琉璃厂。神木厂专门存放和加工直径在五尺以上的大型木料，大木厂负责加工和制作直径三尺以上的建筑木材，台基厂为堆放柴木和芦苇的场所，黑窑厂生产一般的砖瓦构件，而琉璃厂则是专门烧制各种琉璃构件的官衙工厂。

明永乐初年修建北京城的时候，虽然将原来的元大都城南墙向南移了二里，从现在的长安街一线南移到今天的前三门一线，但是海王村依然在明代北京城的郊外。明朝官府在元代海王村琉璃窑的基础上，设立由官府开办的烧制琉璃构件的琉璃窑厂，“琉璃厂”之名，也就是在这时候才开始出现的。很多人撰写关于琉璃厂的文章，提起琉璃厂的出现，常常是说从元代开始。其实真正的琉璃厂窑的设立是在明代的永乐年间开始，由宫内太监掌管，有进行管理的衙署。清代时依旧如此，当然在有较为集中或者较大的修建工程时，工部也有时派遣郎中监管窑厂。

这样的窑厂衙署的设置，一直持续到清代。据《帝京岁时纪胜》记载：“琉璃厂在正阳门外之西。厂制东三门，西一门，街长里许，中有石桥。桥北为公廨，东北楼门为瞻云阁，即窑厂之正门也。厂内有官署、作房、神祠……”根据乾隆年间绘制的琉璃厂地图所标注的位置，琉璃厂东门在今天的东琉璃厂邮局的位置，西门应在今天的椿树医院西侧。琉璃厂官衙的位置应在今天的一得阁大楼及其前面的停车场的位置。今天的南新华街一线为护城河的引水渠，是古凉水河的旧河道。明、清时，内城的中海、南海的积水通过北排水渠（今天的北新华街）向南流，经城墙的响闸桥进入护城河，再从护城河沿南排水渠向南流经虎坊桥拐向东。今天的南新华街就是在原水道上修建的。在东西琉璃厂与新华街交叉的位置，有琉璃厂厂桥，民国初年还有遗存，现已埋入地下。清光绪三十四年（1908 年），在琉璃厂东西两门曾建造铁牌坊各一座，铁牌坊上“东琉璃厂门”“西琉璃厂门”的大字由祝椿年书写，日伪时期铁牌坊被拆除。乾隆年以后，琉璃窑厂的规模逐渐地缩小，但是衙署依然存在，一直持续到清代末年，琉璃窑厂的官衙才关闭。

正在改建的南新华街，原是古凉水河河道

琉璃厂窑所烧制的琉璃建筑构件品种十分丰富，有琉璃瓦、琉璃瓦当、背兽、走兽、仙人、垂脊、攒头、套兽、吻匣、合角吻、勾头、滴水、正当勾、斜当勾、压带条、平口条、门当花、花欢门等，涉及所有的建筑构件。制作琉璃构件的材料选自山中所取的一种白色软石，这种软石石质细腻洁白，磨成细粉后再和泥成浆。制作的工匠光着脚不停地踩踏，使其搅拌均匀柔润黏合。和好的泥再用手捏或者使用模具等，制成不同构件的形状，放在烈日下晾晒。晾干后再雕刻出各种花样，置于阴凉处阴干后入窑烧制。琉璃构件的釉子皆为矿物质材料，研为细末后和水成浆，涂于构件之上烧制而成。不同的矿物质形成不同的色彩。用

西琉璃厂铁门（首图供稿）

琉璃构件建造的屋宇，终年累月经历风吹日晒而不变。今天的北京故宫、巍峨的天坛祈年殿依旧金碧辉煌，琉璃构件是其主要的因素。而且古代琉璃构件的尺寸、质量有着严格的规定，尤其是皇家建筑所使用的琉璃构件，从尺寸、形制和色彩上依其礼制严格生产。也正是由于这样的要求，才由官府设立专门的琉璃窑厂官衙。清代末年，海王村地区的琉璃窑厂虽然关闭，但是其名称“琉璃厂”却留存下来。

北京外罗城的兴建与琉璃厂的变迁

在琉璃厂地区的历史变迁中，有几个重要的历史事件成为它的转折点。元代在此出现琉璃窑是一个重要的点，明设琉璃厂衙是一个重点，嘉靖年修筑北京城的外罗城则是又一次影响重大的事件。

元朝灭亡以后，蒙古统治者退守漠北。但其依旧时常南进，骚扰明朝统治的地区，甚至直接逼近北京城，对明王朝构成一定的威胁。实际上，在明代前期，北京城一直处于蒙古骑兵的威胁之下。明正统十四年(1449年),瓦剌军大举南下,明英宗率军亲征,结果在八月土木堡之战中兵败被俘。十月,瓦剌军裹挟明英宗攻到北京城下,于谦等率军在德胜门、西直门和彰仪门连续打败也先率领的瓦剌军,终于保住北京城,没有陷落,这就是北京史上著名的“北京保卫战”。景泰年以后,蒙古骑兵还时常南进攻击。明嘉靖二十八年(1549年)八月,俺答汗率蒙古兵逼近北京,打到东直门外,这就是明史上的“庚戌之变”。蒙古骑兵的不断侵扰,让明代统治者头疼不已,特别是动辄就危及北京城的安全,更使得明代的皇帝为此坐卧不安。明嘉靖三十二年(1553年),明世宗采纳大臣们的建议,开始修筑北京外城,以期加强北京的城防能力。原计划外城城墙周长一百二十多里,将原北京城包围起来变成内城。但明代历经前几朝的反复和磨难,在财力、物力和人力上已经难以为继,仅仅修筑了南城城墙就无力支撑下去。不得已将已修筑的南城城墙两端与原来的北京城的城墙相连接,并新增加了七座城门,即南面的永定门、左安门和右安门,东侧的广渠门、东北隅的东便门,西侧的广宁门(清道光年为避道光皇帝名讳而改为广安门)、西北隅的西便门。北京城南的外城扩建到明嘉靖四十三年(1564年)竣工,从此北京城南郊的大片区域被包含在外城城区之内,北京城也由原来的正方形变成后来的“凸”字形。老百姓后来习惯将嘉靖年修筑的外城称作“外罗城”。

北京外罗城的修建,使得琉璃厂地区由原来北京城的郊外变成城内。但是人们还是习惯称原北京城为内城,称外罗城为外城。由于北京的外城是后补修的,没有原北京城那样严格的规划,因

旧时宣武门

此其街巷不像内城那样在严谨的规划下呈现出井井有条的街巷格局。特别是琉璃厂附近保留下很多像铁拐李斜街、王广福斜街以及上斜街和下斜街等那样的斜街，更多地保持了原来民间自然形成的街巷道路格局。北京南城的斜街最早起源于元代初年。金灭亡以后，原来的金中都宫殿完全被毁，但金中都城内的民居还保留了一部分。元代在金中都的东北重新修建了元大都城，其城南的各个城门在今天的长安街一线。金中都留存的居民去元大都城，往往是从金中都原来东面的宣曜门、阳春门出来，向东北方向行走，进元大都南面的丽正门。此外，这里的居民点和街道在没有系统规划的前提下，人们都是比较自由地选择近路。久而久之，在北京南城一带形成了许多斜街。

明嘉靖年间外罗城修建完毕后，京师在原来三十三坊的基础上重新划定，内城划为二十七坊，外城划为七坊。围进外城城圈内的琉璃厂地区属于宣南坊。它的范围大约在今天的宣武门外的骡马市大街以南，东起潘家河沿，西至教子胡同。明中后期的琉璃厂地区，人烟尚不稠密，有一些河汊、水洼分布其间，高矮不平的土丘，使这里的景色颇为幽静。据李慈铭在《桃花圣解盦日记》记载:“盖明嘉靖前外城未筑时,此地有水,西流为清厂潭,又西南为章家桥(今臧家桥)，又南为虎坊桥，又南为潘家河沿……”后虽然修筑了外罗城，但是由于其修筑外罗城主要侧重于军事防卫，对城市的市井街巷没有过多的规划布局，所以琉璃厂一带的景观在明代中后期没有太大的变化，依旧保持着原来那种清新幽静的环境。清代潘荣陛在他的《帝京岁时纪胜》一书中,描述明末清初的琉璃厂时写道:“琉璃厂……树林茂密，浓荫万态，烟水一泓。度石梁而西，有土阜高数十仞，可以登临眺远。”当时，一些退休或被罢免的官员、文人常选择这一带作为自己颐养天年和隐居的地点,周边环境颇为幽静。清乾隆年间曾经颇有声望的琉璃厂地区的寿佛寺，就是明代后期的梁家园旧址。当时的梁家园以牡丹、芍药而闻名，花园占地达数十亩之多。花开之时，绚丽华贵的牡丹、芍药与池塘中的一泓清水交相呼应，让这里的景色更为迷人。实际上，琉璃厂在明中后期还曾有景致优雅的兴胜寺而名扬京城。兴胜寺始建于明代万历年间，位于今天的前后孙公园一带，寺院以松林闻名。寺中有藏经阁，登楼阁之上，可远眺西山。寺院东北有一果园，春明之际，粉色桃花、雪白杏花交杂而开，景色宜人，为文人雅士所钟情。兴胜寺到清代时逐渐衰败，寺院的松林早已难寻，寺院旧址也改为施医院，民国时又改为民国国立医科学校，后为北京第四十三中学。今天的琉璃厂已难寻兴胜寺的痕迹，只留下兴胜胡同的地名。因为兴胜寺消亡时间较早，以往在介绍琉璃厂时，往往多记辽金时期的延寿寺，而对兴胜寺很少提及。由此可以看出，明代中后期的琉璃厂已经不仅仅是烧制建筑构件的窑厂，周边还零星居住着一些居民。琉璃厂窑门前，偶尔还有卖小孩玩具和花鸟的小商小贩。在琉璃厂东部的前门外，已经逐渐形成一定规模的商业区，与之相对应的是琉璃厂的“烟水一泓”的幽静。“……三五兰若，错杂其间，每当夕阳西下，乱鸦绕树，辄为诗人骚客所徘徊”，这里已经变成文人雅士休闲游览的好去处。明代末年的琉璃厂，已经开始向居民区转变。这是琉璃厂发展史上一个重要的转折时期的开始。

宣南文化的兴起与琉璃厂文化街的形成

清代初年的满汉分城而居与宣南文化的兴起

清顺治元年（1644 年）五月，多尔衮率清兵进入北京。十月初一，福临亲自到南郊行登基大礼。“冬十月乙卯朔，上亲诣南郊告祭天地，即皇帝位，遣官告祭太庙、社稷。”十月十日，颁行即位诏书，宣布“今年十月乙卯朔，祇告天地宗庙社稷，定鼎燕京，仍建有天下之号曰大清，纪元顺治”。这标志着中国封建时代最后一个王朝——清王朝正式在北京建立。

清王朝占据北京城后，立即开始在城内圈地占房。清兵五月二日进城，六月十日便由摄政王和硕睿亲王诏谕："京城内官民房屋被圈者，皆免三年税赋。其中有与被圈房屋之人同居者，亦免一年。"从进城到发布上谕，不过一个月多一点的时间，足见清统治者急于将八旗兵丁安置于城内的迫切心情。当年十月，顺治皇帝在即位诏书中明确表示"京都兵民分城居住"，为"合行条例"的内容之一。这是清统治者第一次明确提出满汉分城而居的"告示"。清廷最初积极推行的是一种原居住在内城的汉族居民迁移出城的引导政策，"顺治元年（1644年）五月朔以前，凡属逋征，概予豁除。兵民散居京城，实不获已，其东中西三城已迁徙者，准免租赋三年；南北二城虽未迁徙，亦免一年"。到清顺治五年（1648年），情况发生彻底的变化，八月十九日，顺治皇帝颁布谕令："凡汉官及商民人等尽徙南城。"这道谕令标志着清朝政权以强制的手段，彻底地实行满汉分城而居的管理政策。从此，北京城的居民分布和城市社会格局产生了重大变化，并对有清一代北京的发展与北京文化的形成产生了重大影响。为确保满汉分城而居的政策得以落实，清王朝对内城汉族居民的搬迁做出了具体的规定，对居住于内城的原来的汉族官民，不管是将房屋拆掉另行修造，还是直接将房屋卖与八旗兵丁，均由户部和工部派人对原房屋"详查房屋间数，每间给银四两"。核准后，"令各亲身赴户部衙门，当堂领取"。而搬迁的时间，明确规定为"定限来岁岁终搬尽"。为推动和刺激内城居民加快搬迁，同年十月，清廷又做补充规定，除了原房屋任其拆卖和按房屋间数领取银两之外，“有土地者，准免赋税一年，无土地者，准免丁银一年”。与此同时，还派工部、五城御史核查南城官民空地，择址造屋。就这样，原内城居民纷纷举家外迁，搬到北京外罗城琉璃厂所在的宣南坊一带居住。当然，在这个迁徙的过程中，汉族的平民百姓饱受盘剥，但又无可奈何。对于这段历史，清康熙年间汪文柏在《庚辰秋琉璃厂监造屋宇册籍随笔书怀》中写道:“有明户口聚，九门患居民。皇朝定鼎初,出入从城闉。圈地分八旗,天兵为比邻。外城是官地，架屋许都人。所以琉璃厂，衡宇如鱼鳞……”琉璃厂也就是从这时，开始成为密集的居民区。

满汉分城而居，使得北京城的居民居住布局和城市的发展产生了根本性的调整和改变。元代时，依据的是前朝后市的营城规则，明朝也基本如是。特别是明朝近三百年的发展，北京城的市民阶层和市井文化有了相当程度的发展，北京内城显示出浓郁的城市市民文化特点和城市发展格局。而清廷实行满汉分城而居制，北京的内城八旗兵丁拱卫着紫禁城，昔日的繁华都城变成了更大的皇城。以往人烟稀少的南城却变得熙熙攘攘，具有丰富的城市社会生活和旺盛的文化活力，这在北京城市的发展历程中是一次重大的转折，对北京城的政治、经济和文化的演变历程有着重大的影响。尤其是在南城居住着大量的汉族官员、社会贤达和文人雅士，使得这里形成了一种全新的文化氛围，并逐渐构筑起新的士文化体系——“宣南文化”。

“宣南”一词源于明代的“宣南坊”，明嘉靖年间，北京外城扩建，京师在原来三十三坊的基础上重行划定，外城分划为七坊，

排子胡同44号凤阳会馆

宣南坊为其一。宣南坊的范围大约在今天的宣武门外骡马市大街以南，东起潘家河沿，西至教子胡同。清代以后，人们逐渐将宣武门以南的地区统称为“宣南”。清廷实行满汉分城而居的政策以后，内城由八旗兵及其家属居住，汉族官员、士绅和民众等皆迁于外城。当时，外城分为商业聚集区和士绅聚集区。以崇文门、前门一带为主要的商业区域，大多数汉族的官员和文人学士主要集中在宣南地区居住，这样的京城居民的结构新格局出现，对北京城的文化活动中心和城市文化氛围形成了全新的分布，并由此产生了清代京城文化新的发展阶段和发展特征。

在琉璃厂附近的宣南地区，一方面集中居住了大量的汉族官员和文人学士；另一方面，各地会馆也多集中于此。这使得宣南地区成为汉族文化的汇集区和交流地带。

宣南一带，特别是琉璃厂附近，集中居住了许许多多著名的学者文人，像龚鼎孳、吴伟业、孙承泽、朱彝尊、王士禛、李笠翁、纪晓岚、戴震、钱大昕等，都在此留下了他们的足迹。

戴震像

明末清初的著名学者孙承泽，著有《春明梦余录》《天府广记》两部北京史方面的图书和《思陵勤政记》《思陵典礼记》等著作，其原籍为山东益都，但世代居于北京，实际上已经是北京人。明崇祯四年（1631 年）中进士，官至刑部给事中，明崇祯十七年（1644 年）李自成攻进北京时，他在自家的玉凫堂书架后自缢，结果被人解救，又同长子一起投井，又一次被救。两次自杀未遂，他也就降了李自成的大顺政权，任防御史，后又改任谏议，成为大顺政权的中央一级的官员。清军入关后其再降，历任大理寺卿、兵部右侍郎、都察院左都御史。孙承泽仕明、投李、降清，颇受社会非议，以至于有的史书将其列入《贰臣传》，清政府一度也不太相信他，孙承泽也为自己的多

后孙公园泉郡会馆，原孙承泽旧居

变而内疚，便以“老病告休”。清代初年，他就居住在琉璃厂附近，开始著书立说。其住宅和花园被后人称为孙公园，院内有“万卷楼”和“研山堂”，“万卷楼”为他藏书之处，“研山堂”是他会客和写作的书房。汪懋麟在《秋水轩诗集序》记载：“退谷先生有轩三楹，在都城西南隅。下临城濠，疏柳行列。开轩而眺，西山郁苍直入窗户，其下清流潆洄，可鉴眉须。入其中者，恍在江湖旷朗之境，而忘其为京师尘土之乡也。”现在的琉璃厂南侧还有前、后孙公园胡同，就是孙承泽宅地的遗

泉郡会馆内院（首图供稿）

址。

王士禛画像

王士禛在北京居住期间，很长一段就住在琉璃厂的火神庙夹道。王士禛（1634—1698 年），清代著名诗人，山东新城人，清顺治年进士，字子真，一字贻上，号阮亭，又号渔洋山人。死后避雍正讳，改称士正。乾隆时，诏命改称士祯。王士禛以其诗词著名，清康熙皇帝曾征其诗，录三百篇，题为《御览集》。他的诗词多描写日常琐事以及个人情怀、吟咏风月，颇有以诗歌粉饰太平之特点。所著诗文集有《带经堂集》《渔洋山人精华录》等,另有笔记《居易录》《池北偶谈》《古夫于亭杂录》等。王士禛在康熙年间就终日盘桓于慈仁寺的书肆。

著名学者孙星衍也曾在琉璃厂居住，孙星衍（1753—1818 年），江苏武进人，字渊如，乾隆年间进士，曾授编修，出任山东督粮道等官职，虽然官位不高，但其在学术成就上颇具影响。孙星衍退官之后，寓居琉璃厂，开始在琉璃厂桥之西南夹道（今天的琉璃厂万源夹道）居住，后搬至孙公园附近。孙星衍博通经史百家，在文字音训之学上有很高的造诣，他精研金石碑版，在琉璃厂的各个店肆中享有极高的声望。乾隆年间，和珅仰慕孙星衍的学识和在金石方面的造诣，约请孙星衍为其鉴定所收藏的古代彝器，但孙星衍不畏权势，始终未去和府，被世人所称颂。孙

孙星衍七言联

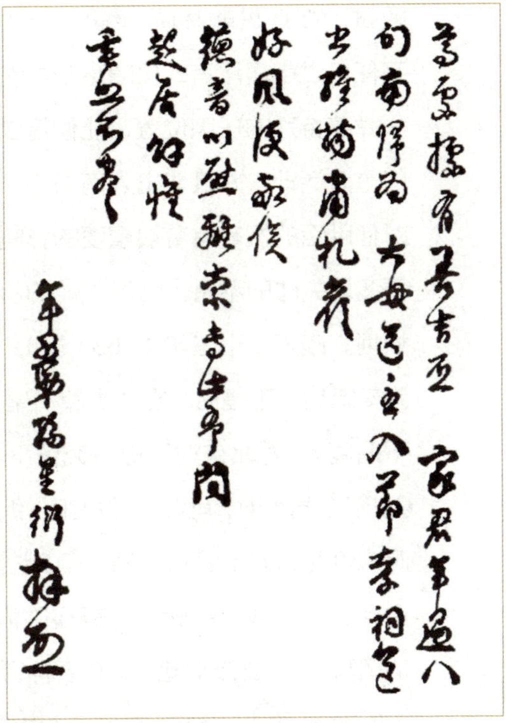

孙星衍手迹

星衍一生著述颇多，留有《寰宇访碑录》《平津馆金石萃编》《魏三体石经遗学考》《京畿金石考》《泰山石刻记》《续古文苑》等著作。

“海内三布衣”之一的朱彝尊在北京时，寓居于琉璃厂附近的海波寺街，因院里有两株紫藤，他的诗中有不少是吟咏紫藤的，朱彝尊还把他的寓所取名为“古藤书屋”。朱彝尊为浙江嘉兴人，年轻时为生计而奔走各地，康熙初年到北京，结识了孙承泽、龚鼎孳等文坛名人，清康熙十八年（1679 年），参加了博学鸿词科殿试，被选进翰林院，编修《明史》。康熙二十年（1681 年），又任日讲起居注官，伴随皇帝左右并记录皇帝的言行。正是因为朱彝尊特殊的任职位置，让他得以时常参加清朝皇帝和中枢机构的重大活动，并且能出入南书房，有机会接触大量宫廷史料，这对他以后的撰著有着很重要的影响。当然，毕竟是一介文人，他更多地关注的不是当官而是他的治学，因此必然会在官场上遭遇坎坷。康熙二十三年（1684 年），他因携带小吏进宫抄书，被人弹劾降级。于是潜心在“古藤书屋”治学著书,朱彝尊撰写的《日下旧闻》，为北京的历史研究留下了珍贵的文献资料。在他撰著《日下旧闻》时，可谓是“风雨一编，青灯永夕”，“日夕坐卧一室，藤床竹几，架上藏书万轴，围列左右”。并且还“时时延访遗老，质问逸事，或摹拓碑碣，攀崖附涧”。他为了《日下旧闻》一书的撰写,广辑文献典籍 1600 余种,终于用两年时间撰写刊印了《日下旧闻》，为北京留下了一部珍贵的地方文献。

这些文人学士在琉璃厂一带的宣南地区居住，并活动于宣南一带，使得琉璃厂地区的社会文化氛围极为浓厚。而会馆的大量集中，特别是专门为文人学士服务的会馆集中在这里，使它客观上成为各地的文化养分在北京融合和升华汇聚之地。会馆是各地在京城为官、寓居或经商之人为同籍贯或同行业的人在北京所设立的馆所，以供同乡同行集会、寄寓之用。北京会馆的出现最早见于明永乐年间，到嘉靖、隆庆年间已经颇为普遍。清代满汉分城而居，各地的会馆便主要集中在琉璃厂一带。以琉璃厂东、西两侧为例，东起前门、西至宣武门，就有大大小小会馆数十家。

四川会馆(四川营)

吴长元的《宸垣识略》记载，琉璃厂附近的会馆主要有："延寿寺街曰潮州、长元，吴柴儿胡同曰鄱阳，杨梅竹斜街曰和含，李铁拐斜街曰襄陵、三延、肇庆，韩家潭曰广东，章家桥曰渭南……"而居住在这些会馆的或为应试的举子，或为进京述职、候补的官员。文人士绅的聚集和各地学子、官员在琉璃厂一带官邸、宅第、会馆间相互走动，吟诗唱和，结诗社、兴诗会，使得这里形成了北京的主要文化集散地，构成了全新的士乡社会文化氛围，也就是我们所说的"宣南文化"。正是由于宣南文化的形成和兴盛，使得以琉璃厂为重点街区的宣南一带的社会文化功能和社会文化环境表现出以下几方面特征，为琉璃厂文化街的兴起营造了良好的社会文化氛围：

第一，宣南地区成为北京文化的活动中心。

自清王朝建立以后，宣南地区一直是文人居住、活动的主要地带，而且重大的文化盛事都与这里有直接的关联。无论是康熙朝开始编修的《古今图书集成》《渊鉴类函》，还是乾隆时期开“四库馆”和编修《四库全书》，都可以在这里看到这些文化活动的痕迹。甚至到清代末年的“公车上书”和“戊戌变法”，都曾经在这里开始。

第二，宣南文化的形成，是在汇集各地不同地域文化和各个民族文化的基础上融合起来的集大成文化。

由于各地进京的文人学士集中居住于此，也就带来了各个不同地区和不同民族的文化养分。这些文化成分在宣南地区经过提炼和升华，形成了全新的集大成文化，并又由此而向全国辐射，在全国的文化走向上一度形成明显的主导作用。

第三，宣南文化是士人文化与平民文化的融合体。

宣南文化是以士人文化为主体，融合了平民文化的成分，使之成为结构丰满、内容丰富、范围广博的博大精深的文化体系。它既有皇权文化的厚重、士人文化的凝练，也有市井民俗文化的活泼，具有丰厚的文化内涵。

正是由于宣南文化圈的形成，为琉璃厂文化街的兴起提供了客观的成长环境。在城市居民的人口结构、文化氛围以及居民的消费构成上，这一带形成了以文化消费需求为主体的发展空间，这便成为琉璃厂文化街兴起的基本要素。因此，在这样的城市文化需求空间中，兴起和形成以文化产品为主的经营区域，便成为顺其自然的发展趋向。

晋江会馆(孙承泽宅地旧址)

琉璃厂书肆的集中发展与文化街的初步形成

作为京城宣南文化的中心区域，琉璃厂一带拥有了浓郁的士文化氛围。这对琉璃厂的发展，特别是对形成以文化消费为主体的街区有着良好的社会文化环境和文化消费需求的基础。此外，从北京城的社会生活消费的整体结构和布局上看，以崇文门、前门一带为中心，是商业发展中心，北京在清代早期主要的经济活动集中在这里，这种分布使得南城一带颇为繁华。与之相呼应，在较为繁华的商业聚集区域的西侧，在琉璃厂一带形成相应的文化消费区域也就是顺理成章的事情了。

琉璃厂文化街的兴起，首先是从书肆业的集中而带动起来的。

清代初年，北京书肆多集中于慈仁寺一带，即今北京广安门大街北侧。慈仁寺位于北京城外，其面积较大，且位置优越，清初许多文人皆在此赁居。清康熙九年（1670 年），顾炎武就曾在此居住。常年的发展，使这里逐步成为较为繁华的集市。据《大清一统志》记载：“每月朔望及二十五日有集。”书肆也就随之而迁，落户于此，并且逐渐发展、壮大起来。清初学者王士禛在《古夫于亭杂录》中记述说：“庙市赁僧廊地鬻故书，小肆皆曰摊也。”当时的慈仁寺书肆吸引了大量的文人学者流连光顾，并以此为乐。王士禛便是其中一个较为典型的“书癖”，他终日盘桓于慈仁寺的书肆之中，乐而忘返。当时一些人仰慕他的名声，很想拜望，但经常吃闭门羹，有人便到慈仁寺的书肆寻访他的踪迹。王士禛在《古夫于亭杂录》中也曾承认此事，曾记道：“昔在京师，士人有数谒予而不获一见者，以告昆山徐尚书健庵，徐曰：‘此易耳，但值每月三五，于慈仁寺书摊候之，必相见矣。’如其言，果然。”在回忆他逛慈仁寺书肆时，《居易录》中这样记载：“官都下二十

民国时期的前门

余载，俸钱之入尽以买书。尝冬日过慈仁寺市，见孔安国《尚书大传》，朱子《仪礼经传通解》，荀悦、袁宏《汉纪》，欲购之。异日侵晨往索，已为他人所有。归来怊怅不可释，病卧旬日始起。”前日所见之书，隔日再往而求，却已被他人所购，如此高效的交易率，可见当时慈仁寺书肆的红火。

慈仁寺书肆始于清初，盛于康熙年间。但到康熙十八年（1679年）北京大地震之后逐渐衰败。当然，其衰败的主要原因还是商业集市的逐渐东移和琉璃厂的兴起。这在戴璐的《藤阴杂记》中有明确的记载，其曰：“慈仁庙市久废，前岁复兴，未几仍止。盖百货全资城中大户，寺距城远，鲜有至者。国初诸大第宅皆在

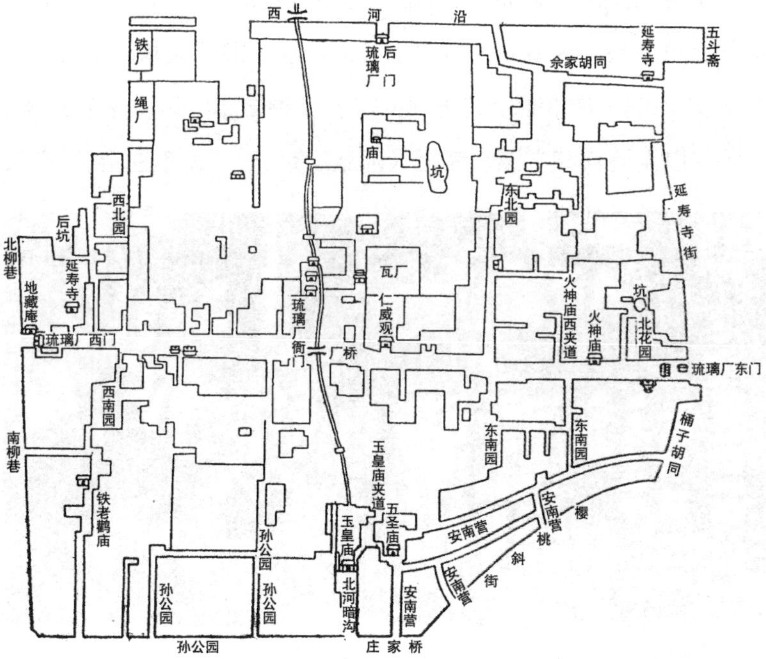

乾隆年间琉璃厂示意图

城西,往游甚便,自地震后六十年来,荒凉已极。”王士禛晚年在《香祖笔记》中记述慈仁寺书肆衰败状况时说:“每月朔望及下浣五日,百货集慈仁寺,书摊止五六,往间有秘本,二十年来绝无之。”从这里可以看出康熙后期慈仁寺的书肆已经日渐萧条,到乾隆年间则完全消失,代之而起的是琉璃厂文化街市的兴起。

清康熙年间,琉璃厂逐渐繁荣起来,特别是前门外的大栅栏等地区成为北京最为繁华的商业区,带动了琉璃厂街道集市的发展,并开始出现书肆。至乾隆初年,随着慈仁寺集市的衰落,书肆逐渐东移,集中到琉璃厂一带,并快速发展。当时,由于汉族官员以及文人学士多居住于琉璃厂一带,成为最常光顾琉璃厂书肆的顾客,这对于琉璃厂书肆的兴起有着直接的作用。乾嘉时期,考据之风尤甚,许多文人致力于考据之学,讲求版本、目录及注释之说,许多书肆便投其所好,广罗珍善之本,以供学者选购、收藏,以至清代藏书家、考据大师旅居京城,“无不往游琉璃厂,

琉璃厂古书摊

盖收集善本，罔不求厂肆也”。而居住在琉璃厂附近会馆的客人，或为应试的举子，或为进京述职、候补的官员，他们成为琉璃厂书肆的忠实顾客，时常以此为消遣、消费的场所。像撰写《琉璃厂书肆记》的李文藻就是在乾隆三十四年（1769 年）进京候补时琉璃厂书肆的常客。在京逗留期间，他终日盘桓于琉璃厂肆，对琉璃厂的书肆留下了深刻的印象。离京后，途中闲闷，便将在京时逛琉璃厂书肆的情景一一记述，写出《琉璃厂书肆记》，为后人研究琉璃厂书肆之发展留下了极其珍贵的资料。

在以往研究北京文化发展史或记述北京书业发展的历程中，不少人认为琉璃厂书肆是由于乾隆年间开“四库馆”而开始兴起。这种观点实际上并不准确。据李文藻在清乾隆三十四年(1769 年)记载，当时的琉璃厂已经有书肆三十余家，而开“四库馆”则是在清乾隆三十八年（1773 年），此时的琉璃厂书肆已经形成一定的规模。

清代的《四库全书》等编纂活动，确实给琉璃厂的发展提供了强大的动力和优越的外部环境。清乾隆三十八年（1773 年），朝廷下令调集各地 2000 多名文人学士到京开“四库馆”，广征天下藏书，编修《四库全书》。“闰三月己巳……命刘统勋等充办理《四库全书》总裁。”书贾们借此良机涌入京城，设店开肆，图书交易异常活跃，琉璃厂的书肆发展得到极大的促进，同时也带动和刺激了琉璃厂其他文化经营类别的发展。翁方纲曾记述，参加编撰《四库全书》的编修官们“……午后归宿，各以所校阅某书应考某典，详列书目，至琉璃厂书肆访之。是时，江浙书贾奔辏辇下。

书坊以五柳居、文粹堂为最”。“四库馆”的开设，成为琉璃厂书肆繁荣的重要契机，琉璃厂的书肆发展出现了第一次高潮。很多书肆从小小的书摊或书铺发展成为十分讲究的大店，经营上也形成一定的规模。清乾隆五十五年（1790 年），有人记述琉璃厂的聚瀛堂“特潇洒，书籍又广，庭起簟棚，随景开阖，置椅三四张，床桌笔砚，楚楚略备，月季花数盆烂开。余卸笠据椅而坐，随意抽书看之，甚乐也”。这里记述的聚瀛堂，仅仅是乾隆时期琉璃厂众多书肆中的一家。在李文藻的《琉璃厂书肆记》中，就记载了书肆三十一家，足见当时已经形成相当的规模。

琉璃厂地区的书肆繁荣发展，带动了这个街区的文化经营氛围的兴盛，使这里成为文人雅士“安身立命”之所。在这条街衢上，书肆的大规模出现，大量图书典籍聚集于此，伴之而起的是其他为文人服务的行业如文房四宝、书画碑帖以及装裱、古玩珠宝等随之发展，诸多与文化消费有关联的店肆也纷纷落户于此。除了书肆、南纸店以及古董铺之外，裱字画、雕印章、包写书禀、刻板镌碑等与文人学士有关的行当莫不纷集。琉璃厂的老人，有时在聊起琉璃厂文化街兴起的时候，喜欢争论着琉璃厂的兴起是书肆业为开端，还是古玩行为肇始。甚至在撰写文章时也常有这种争议的流露。实际上，在琉璃厂的兴起过程中，很难说是哪个行业最先开始在琉璃厂设肆开店。在书肆开业经营的同时，琉璃厂也同时有其他文化类经营店铺。就目前所见的文献记载，琉璃厂的兴起之初，书肆业相对集中，而且留存下来的文献资料较多，其他行业相对要少一些。据李文藻记载的清乾隆三十四年（1769

年）琉璃厂的情景："桥以东，街窄，多参以卖眼镜、烟筒、日用杂物者。""桥以西，街阔，书肆外，惟古董店及卖法帖、裱字画、雕印章、包写书禀、刻板镌碑耳……遇廷试，进场之具，如试笔、卷纸、墨壶、镇纸、弓绷、叠褥备列焉。"李文藻的记载，说明在清乾隆年中后期，琉璃厂已经形成了以书籍、文玩、字画、碑帖、文房四宝、珍宝翠钻以及相关的为文化人服务的行当为文化消费主体的文化商业街区。文人学士，盘桓于琉璃厂各个店肆之中，各个方面的文化消费需要可以在此一并满足，这对文人雅士来说，是极为便利的。因此，这里被文人学士视为"安身立命"之所，这就奠定了琉璃厂文化街的特殊地位，使之成为京城重要的文化活动区域和最为繁华的文化消费区域。

今日的古旧书店依旧是古色古香

琉璃厂文化街的兴衰起伏及发展特征

琉璃厂文化街的形成，在北京外罗城一带形成了新的京城文化活动中心，并且在北京文化发展史上，产生了巨大的影响和积极的推动作用。无论是朝廷的文化政策、文化举措，还是文人雅士的学术演变趋向，都或多或少地在琉璃厂有所反映，甚至许多北京文化发展的重大变化和重要活动，就出现在琉璃厂，以此为发端。

琉璃厂文化街自乾隆年间兴起以后，经历了几个兴衰发展阶段，即乾隆年间的第一次发展高潮、清末的跌宕起伏阶段与中兴、民国初年的兴盛高峰、日伪时期的衰落、公私合营前后的转型、新时期的新走向。在各个不同的发展阶段，一方面，琉璃厂文化街的衰荣与京城文化发展的大背景相呼应，直接受作用于整体社会文化变化的影响；另一方面，由于琉璃厂文化街各个行业的自身发展规律和特点，使得琉璃厂也产生了自己演变的轨迹和相应的规律。

清乾隆年间，乾隆皇帝标榜“武功文治”，在文化方面也极力仿效康熙爷，修大书、编撰鸿篇巨制。清乾隆三十八年（1773年）朝廷开“四库馆”，广征天下藏书，促进了琉璃厂书肆的发展。与此同时，乾嘉时期颇为流行的考据之风，使得文人学士对三代钟鼎文字的考据十分重视，琉璃厂的古玩业开始注重对上古三代青铜器的广泛搜求，而文人学士的眷恋和频频造访，也带动和提高了南纸店和书画碑帖的销售数量。乾隆年以后的乾嘉盛世，使

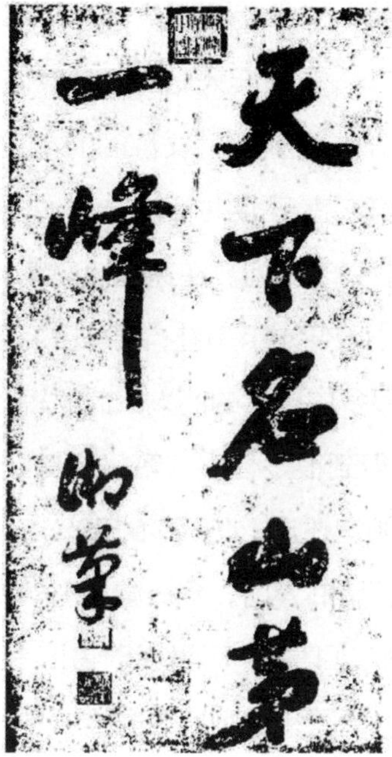

乾隆手书

琉璃厂文化街出现了第一次发展高潮。

到了近代，随着道光二十年（1840 年）鸦片战争的爆发，中国社会开始发生变化。尤其是咸丰十年（1860 年）英法联军入侵北京，北京数百年来的平静生活被打破。咸丰十年（1860 年）英法联军的入侵和光绪二十六年（1900 年）八国联军对北京的蹂躏，再加上清代末年的政局不稳定，使琉璃厂文化街的发展陷入了一个跌宕起伏的发展时期。之所以称此阶段为跌宕起伏，是出于琉璃厂的古旧书业和古玩业等特定的行业特征具体表现所决定的。古书业、古玩行以及经营字画碑帖的老字号，往往是从达官显贵、文人学士的手中收购和销售古书、彝器、碑帖、字画以及历代陶瓷、珠宝等，每逢出现大社会动荡，大量的古书、文玩和历代字画碑帖等散落民间，客观上为经营传统的文化用品的店肆提供了货源。咸丰十年(1860 年）英法联军侵占北京，在城内大肆劫掠，许多官藏、私藏古籍遭到劫难，大量散失于民间。据震钧记载："咸丰庚申以后，人家旧书多散出市上……宋椠亦多。"又例如，光绪二十六年（1900 年）八国联军入侵北京，疯狂劫掠，不论宫廷、官府还是私家所藏书籍均遭劫难。当时有人记述："庚子间，四库藏书残佚过半。都人传言，英、法、德等国运去者不少。人言洋兵入城时，曾取该书……以代砖，支垫军用器物。"这次浩劫，使圆明园文源阁的《四库全书》、御河桥翰林院藏书以及王府名宦所藏书籍珍宝和陈设的古玩、瓷器，或被侵略者所掠夺，或散失于民间。在这种情况下，很多专门收购流散古书或古董的行商小贩便走街串巷，收购古书、旧书，再到东、西晓市旧货市场出售。很多琉璃厂的商人借此时机，前往搜购，同时也派人到各地搜求，得到很多善本古籍、珍贵文物和奇石异宝。著名版本目录学家伦明记述说："壬寅（1902年）初至京师，值庚子之乱后，王府贵家，储书大出。余日游海王村、隆福寺间，目不暇给，每暮必载书满车回寓。"可见当时古旧书肆搜求古籍之多。古书业尚且如此，古董行和书画店也同样如是。琉璃厂的经营者趁此机会，四处聚敛散落于民间的古书、古玩和古代的书画、珠宝等。再加上一茬又一茬新起的达官显贵，不乏附庸风雅之人。因此，往往是社会动荡刚刚过去，琉璃厂的各个店肆很快就出现经营上的崛起。琉璃厂各行店铺的这种经营行为，客观上对祖国文化遗产有着积极的保护作用。

此外，在这一阶段，尤其是在同治、光绪年间，北京有几十年的相对平稳发展阶段。随着洋务运动的兴起，清朝统治者客观上在文化、思想的统治上打破了封建文化一统天下的局面，洋务思想、外国资产阶级思想文化渐渐地渗入，这使得北京文化发展中出现了一些新的内容，而且在人们的思想意识中也开始出现了相对的宽松态势。与此同时，按照西式学堂成立的学校也不断出现，新成立的学校和在校任教的先生，又成为新的文化消费对象。这样的一个社会政治、文化环境，让琉璃厂的文化经营也进入了一个相对稳定和自由的发展阶段，一度出现了中兴的经营局面。甚至一些新兴的文化行业在西方政治、文化思想的影响和作用的刺激下产生后，也自觉不自觉地向琉璃厂地区集中。像琉璃厂西门南柳巷的永新寺就是清末民初北京报纸发行的总汇之地。在这样一个起伏不停的历史过程中，琉璃厂各个行当店铺的经营也出现了大起大落的跌宕，店铺字号更新快，成也勃焉败也忽焉，这形成了清代末年琉璃厂文化街特有的发展风格。

宣统三年（1911 年）武昌起义的枪声，敲响了清王朝的丧钟，统治了二百六十多年的最后一个封建王朝在革命军的起义中宣告灭亡。但是取而代之的是曾经历任清王朝的直隶总督、北洋大臣、内阁总理大臣的袁世凯。1912 年 3 月 10 日，袁世凯就任中华民国临时大总统。袁世凯舍不得，也不敢离开他发迹的北京城，所以仍以北京为首都。封建

民国时期厂甸庙会的热闹景象

王朝虽然灭亡了，但是北京由于民国的建立，所任职的官员、社会贤达多为前清政权时期的旧人，而清王朝的遗老遗少也仍旧聚集在北京城，这些人员是颇为可观的文化消费群体，对古书、法帖、字画、古玩以及文房四宝等消费热情依旧。而民国初年一拨拨的换总统、一茬又一茬的更迭内阁总理、走马灯似的军阀大帅，其中不乏腰缠万贯、附庸风雅之人，这些你方唱罢我登场的民国大员们，总是要让自己的住所有点文化气息，装出一副儒雅的姿态，购置珠宝、古书、字画以及精美的陶器、古朴的青铜器，等等，总是一掷千金，让琉璃厂各个行当的店肆着实快快乐乐地发了一段时间的财。而民国建立以后，新建的研究单位、大学等，也急需添置图书和相应的文化用品，也成为琉璃厂的重要主顾。这一切都为琉璃厂的再度发展提供了极大的发展机遇。就是因为这样

琉璃厂卖饽饽的

的一个发展阶段，让琉璃厂在民国初期有了一个迅猛的发展，形成了一个新的发展高峰，无论是琉璃厂的古旧书业、古玩业，还是法帖书画生意，都呈现出一种旺盛的景象。尽管国民党统治以后将国都定为南京，北京又改为北平，一部分文化单位南迁，对琉璃厂的生意有所影响，但是北京地区的相对稳定的社会生活和很大一部分旧政权的政客、文人学士留在京城，琉璃厂的消费群体仍旧有一定的基础。因此，琉璃厂在这一阶段的发展还是很突出的，甚至可以说是在琉璃厂发展过程中第三个突出的高潮。

这一阶段，对琉璃厂影响较为重大的是海王村公园的修建、和平门的开启以及南北新华街的开通，它奠定了现代琉璃厂的分布格局。1917年，黄思永在琉璃厂设工艺局，大力倡导发展珐琅、漆雕等具有中国传统风格的工艺制品，并积极向海外推荐和销售。次年元旦，工艺局在原琉璃厂衙署西侧修建的海王村公园对外开放。海王村公园北侧为一座二层灰色小楼，后改为工商业改进会陈列所。院的东西两厢建有五十九间平房，出租给各个行业开设店铺。很多书商、古玩商、南纸行、首饰行以及文房四宝等在此租赁铺房，开店设肆，康有为出资设立的长兴书局就在这里。海王村公园成为一个行业齐全、门类众多的文化集市。以后每年的厂甸新春活动都是以此为中心，向四处延伸。海王村公园的建立，是琉璃厂再度兴盛的一个重要的标志。

1927年，北洋政府开辟和平门，将原来的排水渠改为暗沟，城内为北新华街，城墙外为南新华街，并拆除了原来的厂桥。和平门城门外的南新华街将琉璃厂一分为二，东琉璃厂以古董文物

海王村大门

和珠宝为主，西琉璃厂以书肆业、南纸行、字画铺和碑帖铺为主。此时的琉璃厂，书肆、古玩店、字画铺、碑帖铺、珠宝店鳞次栉比，极为兴盛。整个街道除了西琉璃厂路南商务印书馆是一座三层的西式楼房，其他的店铺基本上都是中式的铺面房，偶尔有个别家为两层小楼。但是琉璃厂的铺面房都修建得很精致，一般都是水磨砖的砖木建筑，门面油漆得很整齐。开间大多都是两间或三间，再多开间的铺面就很少了。

海王村内景(民国十七年)

琉璃厂店铺的门面是北京城最为典型的店铺式样，几乎所有的店铺都是据门面之中开门，大有堂堂正正的官衙痕迹，不像南方的店铺，时常是整个一面临街的墙都是用木板围挡，营业时全部摘下。店铺的门口，夏天挂着大竹帘子，冬季则挂着蓝布镶黑云头夹板棉门帘，店铺的橱窗多为嵌着玻璃的老式窗棂，店门则是对开的两扇红漆门，使铺面显得十分气派。这种店堂门脸的格局一直持续到 1980 年琉璃厂改造前夕。

1937 年，日本的侵华战争和日伪的统治，使琉璃厂的发展开始走向低谷，尽管琉璃厂的古旧书业、古玩业还在勉强度日，但实际上已经开始走向它的没落。日伪政权统治的八年，琉璃厂也在风雨飘摇中苦苦地挣扎了八年。1945 年日本投降，中国人民第一次彻底地打败了外国入侵者。但是，随后国民党发动内战，国统区的北平陷入了新的风雨飘摇时期，琉璃厂再也没有一个稳

和平门城门

建于20世纪初年的商务印书馆办公楼

定的发展阶段。从目前看到的有关文献记载，当时的琉璃厂，或是小门小店，或是大店的勉强经营，到1949年前夕，能够经营不错的店铺已经是寥寥无几。

1949年中华人民共和国成立，中国的社会发展进入了一个划时代的阶段，琉璃厂也伴随着新中国的成立进入了一个新的时期。到公私合营前，应该说，琉璃厂的各个行业的经营已有所改观，但是由于当时的社会环境和琉璃厂以往赖以生存的消费群体已经失去了往日的消费实力，当时的政治环境下，国家单位也不与琉璃厂的私营店铺打交道，使得这里的古书业、古玩业基本上处于一种较低水平的发展状态，很多的店铺甚至无法维持下去，不得已关张了事。

1950年，海王村公园被电话局征用，公园内的店铺纷纷迁出，琉璃厂中心地区的格局有所改变。20世纪60年代初，中国书店在中共北京市委、市政府的支持下，从孔庙迁于此地，从此这里成为中国书店总店的办公地和主要的书店所在地，海王村也成为琉璃厂的中心地带。1995年，中国书店将海王村公园改建，

被征用前的海王村公园门口

拆去了原有建筑。

1956年前后，琉璃厂的各个店铺纷纷参加了公私合营，琉璃厂开始形成以中国书店为代表的古旧书业、以荣宝斋为代表的书画店和以北京市文物商店为代表的古玩行的三大国营单位。这种格局一直持续到“文化大革命”后的改革开放时期。

1978年，有关方面成立了改建琉璃厂文化街的工程领导机构，负责筹建工程事项。1980年，琉璃厂文化街的改建工程动工，

1978年改造前的琉璃厂（首图供稿）

拆除了原有的临街铺面房，除了原西琉璃厂路南商务印书馆一所三层的西式楼房依旧保留外，其余的原琉璃厂建筑全部拆除重新修建。到 1984 年，琉璃厂第一期改扩建工程基本竣工，并在当年 9 月成立了琉璃厂文化街管理委员会。

进入 20 世纪 80 年代，琉璃厂的发展又进入了一个全新的时期，改革开放，以及市场经济的建立，琉璃厂又出现了勃勃生机。国有的书店、文物商店、书画店与私营的店铺又同时在这条不足千米的街道上共同经营，出现了众家博采多姿的经营局面。但是，毕竟今非昔比，传统文化的文化商品的经营，已经与历史上的琉璃厂有着天壤之别。今天的琉璃厂，更多的是中国传统文化的展示窗口和招揽游人的旅游景点。应该说，现在的琉璃厂，其文化功能和文化的影响已经发生根本的变化，与历史上的琉璃厂文化街有着极大的差异。毕竟这里曾经是聚散历朝各代文物古玩、文献书籍、书画碑帖的经营场所，多少珍善本古书、三代彝器、传世陶瓷、流传有序的书画曾经在这里传承和传播。看看今天的国家博物馆，大量的文物古玩和文献典籍都是从这里聚集在国家馆藏之中。然而，今天的琉璃厂已经渐渐地失去了往日的文化功能，从某种意义上说，它靠的是历史的名望。也许新的时代有新的发展模式，但这需要琉璃厂的有识之士去逐渐地探索，走出一条全新的发展道路。

琉璃厂街景

书　肆

从清乾隆年书肆逐渐集中在琉璃厂发展，书肆业便成为这条文化街上的主体行业，发挥着重要的行业功能和对北京文化发展的积极促进作用。我们论述琉璃厂书肆业的发展，就不能不介绍一下北京书肆业的源流。

清以前北京书肆业的变迁与发展

从清乾隆年间书肆逐渐集中在琉璃厂发展，书肆业便成为这条文化街上的主体行业，并发挥着重要的行业功能和对北京文化发展的积极促进作用。我们论述琉璃厂书肆业的发展，就不能不介绍一下北京书肆业的源流。

“书肆”,我们今天称之为书店,古代又称为“书坊”“书林”“书铺”“书堂”“书棚”“经籍铺”等。中国的书肆，最早起源于西汉时期。西汉文学家扬雄在《法言·吾子》中曾说：“好书，而不要诸仲尼，书肆也。”这是现存古籍文献中最早提到“书肆”的记载。

北京历史上的图书贸易活动，最早出现在唐代后期至五代初年。据《契丹国志》卷十四记载，阿保机之长子耶律倍曾“令人赍金宝私入幽州市书，载以自随，凡数万卷……”一次购入典籍数万卷,虽有一定程度的夸张,但若数量很小,绝非能以“数万卷”而描绘。由此可见，至少在五代时期幽州地区的图书贸易已经形成相当的规模，书肆的经营实力初见端倪。

但是北京地区的书肆初步形成一定的规模，是从辽代开始的。

北宋时期，随着社会生产水平的提高和文化发展的需要，雕版印刷技术广泛普及，这使得图书的大量复制、生产成为可能，并且带来了我国古代出版、发行业的飞跃性发展。当时的中原地区，刊刻图书已经是极其普遍的文化活动，并且逐渐向外影响到北方少数民族政权统治的区域。位于北方的幽燕地区，自然也很快接受了中原地区先进的雕版印刷技术。辽会同元年（938 年），燕云十六州并入辽朝版图。辽太宗耶律德光升幽州为陪都，即辽南京。辽南京作为陪都，是契丹人吸取中原文化的重要基地和文化交流的主要窗口，北京的书肆正是在这样的背景下开始出现。

令人颇感意外的是，北京古代书肆的兴起，是由辽代契丹人崇佛开始的。辽代的统治者契丹人对佛教极为尊崇，其崇佛之盛远远超过北宋政权，而南京城的佛教活动最为活跃。《契丹国志》记载，辽南京城“僧居佛寺，冠于北方”。在这些庙宇中，许多高僧在朝廷和贵族的支持下，有组织地进行各种经藏的整理、刊刻和发行传播活动，这极大地刺激和促进了辽南京城的雕版印刷和书肆的兴起及发展。1974 年，在山西应县佛宫寺释迦塔的佛像中发现大量辽代刊刻的经卷和其他印刷品，共计 160 余件。这些面世的雕版印刷品和诸多写本中，除了非常珍贵的《契丹藏》等藏经之外，还有《蒙求》等民间流行的图书，其中绝大部分是在南京城（今北京）雕刻的。在保存较为完整的《称赞大乘功德经》的题记中，明确记载为统和二十一年（1003 年）在燕京雕刻，并记有“穆咸宁”“赵守俊”“李存让”“樊尊”等四名刻工的名字。在《妙法莲花经卷第四》Ⅲ卷上记有“燕京檀州街显忠坊南颊住冯家营造”的字样，《上生经疏科文》有“燕京仰山寺前杨家印造”等字样。其他经卷中，留下刻工姓名的也有很多，动辄数十人，其刊刻作坊的规模和刻工数量极为可观。在这批发现的雕版印刷的出版物中，既有卷轴装的经卷，又有蝴蝶装的图书，其工艺水平及刊刻技艺十分出色，与中原地区印刷品的刊刻水平颇为接近，足以显示当时辽南京城的雕版刷印的水平。在我国的古代，图书的刊刻与流通并没有明确的分工，这些刻坊既刊刻经卷，又刻印普通书籍，并对外销售。在《燕台大悯忠寺诸杂赞一策》中，还开列了悯忠寺所印行的各种经赞，这可以说是北京地区最早的图书发行广告。这些为寺院刊刻经卷的民间刻坊，在其刊印雕版印刷品的过程中，逐渐转变为书肆，成为北京地区早期的图书出版、发行者。

此外，契丹统治者仰慕华风，对学习中原地区的汉族先进文化态度积极。辽代的创始人耶律阿保机通晓汉语，熟悉汉人情况，在建立契丹王朝的过程中，得到一大批汉族士人的支持。辽太宗仿效中原王朝建立起一套礼乐制度，并将年号改为“会同”，意喻要努力促进幽蓟地区农业文化与塞外游牧文化的汇合，建立起一个大一统的王朝。正是在这样的背景之下，辽代统治者十分注重对中原地区汉族典籍文献的输入和学习。辽会同九年（946 年），辽太宗灭后晋，曾将大量汉文书籍掠送上京（今内蒙古巴林左旗南）。同时，辽朝利用辽宋之间的榷场贸易，尽可能输入中原汉文书籍。然而，当时中原地区的北宋政权对北方少数民族统治地区实行文化封锁，书禁甚严。宋景德年间，朝廷下令：“民以书籍赴沿边榷场博易者，自非九经书疏悉禁之，违者案罪，其书没官。”宋神宗熙宁年间，再申此令。而辽代统治阶级又极为需要学习中原汉族文化，辽朝统治区域的少儿启蒙常常以汉人诗词为教材。按辽朝规定，参加科举的学子，所读的典籍也多为汉文经典图书。在这样的文化需求刺激下，一些书贩便往返南北，私自携带图书进行贸易，书贩和书肆由此而活跃于南北两地。苏辙在《论北朝事宜札子》中记述："本朝民间开版印行文字，臣等窃料北朝无所不有……访闻此等文字贩虏中，其利十倍。"从北宋贩书至燕京可以获得十倍的利润，足见当时北京地区书籍市场的需求量很大，可以看出北方少数民族对吸取中原汉族文化的迫切心情。如此高额利润，自然使得南北两地的书贩像候鸟一般奔波于辽宋之间。当时的北宋书禁甚严，对辽朝统治区域进行严格封锁。但这丝毫不能影响书贩们的贩运"热情"，仍然冲破重重阻力，贩书于辽南京城。正如苏辙所云："人情嗜利，虽重为赏罚亦不能禁。"然而，仅仅靠从北宋贩书到辽南京，仍无法满足辽代统治区域的文化需求，一些书肆便开始刻印汉文书籍。据《渑水燕谈录》记载，北宋张云叟出使辽朝时，"闻范阳（即今北京地区）书肆亦刻子瞻（苏轼）诗数十首，谓之《大苏集》"。苏辙出使北辽时，也曾发现苏轼的诗集——《眉山集》被南京城的书肆翻刻。仅苏轼的诗集就被翻刻数种，足见北京书肆业的活动十分活跃。

金太宗天会五年（1127 年），金兵攻破汴京城，俘获宋徽宗、钦宗父子，并将汴京城的大量金银财宝以及宋朝的法驾、冠服、礼器、乐器和秘阁图书等一并劫掠到北方，当时被掠至北方的还有北宋地区的一些书肆的雕版工匠。这对于北京地区的雕版印刷能力和书肆的经营有一定的促进作用。女真人入主中原，于金贞元元年（1153年）正式迁都燕京，改燕京为中都。中都城成为中国北部地区的政治、文化中心。此时的中都城内坊巷众多，人烟稠密，经济较前有很大发展，商业活动极为活跃。这一切，为中都城的书肆发展提供了一定的生存基础。金代的书肆、刻坊发展速度很快，而且分布范围广泛，除金中都和山西平阳之外，从正定府、大名、蒲州、太原、运城，到莱州、曲阜等地，书坊甚众，而且各地寺院的刻经、刻书也颇为常见，经营十分活跃。当然，在各地的图书、经卷的刊刻中，官刻则集中在中都城，山西平阳也有一部分。这些官刻的图籍所依据的多为从北宋掠夺而来的木版，金代统治政权再予以翻刻。这样就使得中都城成为金代的出版中心。当时的中都书肆不仅刻售汉文书籍，而且为保持本朝的民族特点，还将汉文书籍译为女真文刊行。金明昌五年（1194年），金章宗据宋朝的《崇文总目》下诏购求缺少的书籍，金泰和元年（1201年）又令官员购求遗书。从金统治者的几次大规模下诏购书活动中，一方面可以反映出女真族的统治者对汉文化的渴求，同时也可以看出金中都书肆发展的基本轮廓。统治者的倡导和重视，给北京地区的书肆业发展创造了有利的条件，也给社会风气以极大的影响，中都城钞书、刻书之风极盛。据《宋史·洪皓传》记述：洪皓使北“所著诗文，争钞诵求锓梓”。而这些钞、刻图书的活动大都是通过中都的书肆进行的。各个书肆所刊刻、出售的图书，重在满足民众的需求，其所刻售之书多为医书、类书和民间的说唱诸宫调。然而，由于历史上的各种原因，记载金中都的文献甚为稀少，人们对中都城的书肆活动也不太注意，以致金代的书肆发展状况长期不被重视。

元定都大都城后，日益重视学习汉族文化，大力倡导文治。正如明代陈邦瞻《元史纪事本末·自序》所说："自太祖、太宗即知贵汉人、延儒生，讲求立国之道。"在元朝攻打南宋统治地区时，常常对被攻略的城池中的图籍、珍宝等进行搜掠。《元史·世祖本纪》中对元军南进时搜掠各地图籍典册有许多记载，元至元十一年（1274年），右丞相伯颜率军进抵芜湖，"得船两千余艘及军资器仗、督府图册符印"。随后。又在江南诸郡的征战中，"括江南诸郡书版及临安秘书省《乾坤宝典》等书"。元军攻陷临安以后，伯颜"遣郎中孟祺籍宋太庙四祖殿，景灵宫礼乐器、册宝暨郊天仪仗，及秘书省、国子监、国史院、学士院、太常寺图书祭器乐器等物"，北掠至大都城。元军的这些劫掠，刻意搜敛南宋宝玩是直接目的，但其对图籍的关注也足以说明了元代统治者对汉族先进文化的器重。由于元代统治者逐步采取尊经崇儒、兴学立教以及科贡并举、举贤招隐的文治政策，为书肆业的发展提供了良好的生存环境，使大都城的书肆发展进入一个新的阶段。此时大都城的书肆，为满足正常的文化需求，大量刻印销售正史正经，还迎合科举需要，大批刻印纂图互注的经书、子书、韵书以及各种经书的新注、史书的节注。更为引人注目的是，大都城内已经出现了专营某类图书的专业书肆，当时的窦氏"活济堂"就是专门刻卖医书的书肆。而汪谅经营的汪氏书铺则主要经营文学类图书，其所刻售的《千家注分类杜工部诗集》，原为建安余氏"勤有堂"所刻，书版几经辗转后被汪氏所购，便将书牌改为

“金台汪氏重刊”。一部典籍的书版从南到北数千里辗转，没有一定的经营规模是难以交易成功的。专业书肆的出现，表明北京地区的书肆刊刻专业化程度发展到一个新的高度，显示出元大都城的书肆规模和经营水平远远超过了前代。

元代北京书肆业得到明显发展的另一个重要标志，是一定规模、有相对固定场所的书籍市场的形成。在城内的省前东街，出现了“文籍市”，文人学士购书不必再各处搜求，免去四处奔波之劳。这同辽、金时期的书肆相比，无疑是一大进步，说明当时的北京书肆业已经开始形成相应的规模，成为一个独立、完整的行业，这与北京的全国政治、文化中心的地位是相适应的。

元代大都城的教育也十分发达，早在窝阔台汗五年（1233年），窝阔台汗就下令在燕京设立学校，选派蒙古贵族子弟、文书子弟和燕京汉官子弟共同入学。元至元八年（1271年），忽必烈下诏在大都设立“蒙古国子学”。元至元二十四年（1287年），设置“国子监”，二十六年（1289年），又在大都城设立“回回国子学”。元朝统治者的一系列措施，极大地刺激了大都城教育的发展，除了“国子学”等，大都城内私学、塾学也颇具规模。教育的发达，吸引了各地的学人，高丽、安南、日本等国还派出大量留学生到大都学习。与此同时，元朝周边的附属国也纷纷到大都朝贡，众多的文人学子和留学生、朝贡使臣成为大都城内书肆的重要顾客，极大地刺激了书肆业的发展。在高丽的汉语教科书中就曾经讲到在大都城的书肆中购买到《三国志平话》，《朴通事》中谈道：“我两个部前去买文书去来。买什么文书去？买《赵太祖飞龙记》《唐三藏西游记》去。”大都的书肆已经不是简单地满足一个城市居民的文化需求，而是与大都城的国际大都市文化同步发展。这清晰表明，此时的北京书肆业与辽金时代书肆的发展初期大不一样，已经形成完整的行业规模。

明永乐十九年（1421 年），明成祖正式迁都北京。明代的北京不仅仅是全国的政治统治中心，还是全国的文化中心。特别是中央政权所组织的大规模文化活动，如科举、编修大型图书等，都为这座城市的整体文化发展提供了良好的机遇。在这样的社会大环境作用下，北京的书肆业得到了极大的促进，书肆行业的经营出现了显著的进步，书肆经营的图书品种、经营方式以及经营规律等都出现了全新的特征。明代北京书肆已经形成行业内刊刻、批发、流通等各环节的专业化分工明显，书肆网点分布集中化、经营活动规律化等特点，充分显示北京书肆进入了成熟发展期。明代北京正阳门至大明门的朝前市是北京的主要商业区域，此外，在东华门外的灯市、都城隍庙的集市也是北京城的重要商品集散地。在这些商品集市中，都设有书肆或书摊。万历年间，胡应麟在其《少室山房笔丛》中记述：“凡燕中书肆多在大明门之右，及礼部之外，及拱宸门之西。每会试举子，则书肆列于场前。每岁朝后三日，则移于灯市。朔、望并下瀚则徙于城隍庙中。灯市及东、城隍庙及西，皆日中贸易所也。灯市岁三日，城隍庙月三日，至期百货萃焉，书其一也。”胡应麟的这段记述，实际上只是将北京城内主要的书肆活动记录下来。其时，在北京的其他地方还有许多固定的书肆。叶德辉在考证古籍版本时记录说：

“正阳门内巡警铺对门金台书铺，嘉靖元年（1522 年）翻刻元《张伯颜文选》六十卷。”这家历经元、明两代的书铺还翻刻了大量的宋、元旧版图书，像《正义注解史记》《名贤丛话诗林广记》等。在金台汪氏书铺附近的岳家书铺也是一个颇为著名的书肆。在新中国成立初期，北京琉璃厂的来薰阁与裴英阁合伙购到一部明弘治十一年（1498 年）《新刊大字魁本全像参增奇妙注释西厢记》，就是岳家书坊刊印的。该书上图下文，半页十二行，每行十八字，双栏黑口，卷末有“弘治戊午季冬金台岳家重刊”启示牌记十二行。此书官私书目未见著录，可谓海内孤本，在《西厢记》流传下来的内容完整的各个版本之中，此书时间最早。后来中国书店曾经在其他古书的衬页中发现两张元代刊刻的《西厢记》残页，将该书最早刊刻时间上推了 100 余年，但其只是残页，最为完整的还是金台岳家明弘治十一年（1498 年）《新刊大字魁本全像参增奇妙注释西厢记》的刻本。像这样的书肆北京还有很多，而且他们的经营活动与北京市民的文化需求密切结合。据郑士德先生在《中国图书发行史》中介绍，1967 年在上海嘉定县明代宣姓的墓葬中，曾经出土“永顺书堂”刊刻的唱本 11 册、南戏《白兔记》1 册，为成化年间刊本，刊刻时间为明成化七年至成化十四年（1471—1478 年）。这些唱本的封面上分别印有书名，如《说唱包待制出身传》《包龙图断乌盆传》《唐薛仁贵跨海征辽故事》等，封面上还同时刻有“北京新刊”字样。由此可以看出，“永顺书堂”应为北京城的一家书肆，而且其主要的出版物是适应城市市民阶层文化消费的文学唱本。这从另一个角度反映出当时的北京书肆已经有了非常明显的刊刻、发行的类别分工，其销售针对性十分突出，由此可以看出明代北京书肆的发展水平。

明代北京书肆开始出现行业内刊刻、批发及零售明确分工的经营格局，书肆业的专业化水平达到了一个新的高度，显示出这个行业经营的稳定性和成熟化。明代手工业作坊的普遍发展、商品供给的不断丰富以及社会经济发达，使北京的城市手工业作坊的分工愈加细致，商品供应的类型也逐渐细化。这对于北京书肆业乃至全国书肆业都产生很大影响，书肆业也开始向专业化方向发展，形成图书刊刻、批发、零售的具体分工和专业经营。对于明朝的"聚书"之地，胡应麟在其《少室山房笔丛》中这样描述："今海内书，凡聚书之地有四，燕市也、金陵也、阊阖也、临安也。"所谓"聚书"就是图书的集散地，用今天的语言说，就是图书批发中心。其文中所说的"燕市"即北京城。尽管我国古代书肆长期以来基本上是刊刻图书与销售图书一体化，也就是我们经常说的"前店后厂"，并成为中国传统的书肆经营模式，但就明代所出现的"聚书之地"而言，从图书刊行和销售的社会化发展的角度看，书肆业出现这样的专业化分工，对古代书肆的发展具有突出的意义，它为图书的大规模生产提供了一种全新的行业框架结构。

明代北京书肆的经营活动和经营内容与北京的重要文化活动相呼应，充分显示出这个行业对文化的依附性和对北京文化发展的互动作用。明代北京书肆业的发展，充分体现出为应试举子和那些"做文官、弄学问"的封建士大夫服务的特点。北京每三年一次会试，各地举子纷纷入京，最多时达万余人。加上中央政府中的大批官宦以及太医院、国子监、钦天监、四译馆、翰林院、顺天府学等文化机构的官员，共同组成巨大的文化消费群体，对书肆业的发展形成了直接的刺激作用。贡院考场前形成的三年一次的图书集市和城内“朝前市”的书肆、国子监附近的赵氏书铺等都映衬出书肆业大发展的景象。而且，不同地点的书铺针对其相应的服务对象展开其相应的经营内容。以国子监附近的赵氏书铺为例，叶德辉的《书林清话》记载：“弘治十年（1497 年）国子监前赵氏书铺刻《涧谷精选陆放翁诗集》前十卷,《须溪精选集》后八卷，别集一卷。”居于正阳门商业区的汪氏书铺、岳家书铺多刊刻的是北京市民阶层喜好阅读的唱本，而位于国子监附近的赵氏书铺则选择的是文人诗集，鲜明的经营差异充分体现出明代北京书肆与相应的文化氛围相呼应的经营特色。

之所以这么大篇幅地介绍明代的书肆发展，就在于有清一代琉璃厂的书肆发展完全是在明代书肆发展的基础上形成的高峰期，无论是书肆的经营方式、经营类型以及经营格局，都可谓一脉相承。只不过是在经营的区域上，由于清代实行的“满汉分城而居”，逐渐统一集中在琉璃厂。可以这样说，清代琉璃厂书肆从其行业的经营上看，完全是明代书肆的继续。正是明代书肆业的形成和发展，为琉璃厂书肆的繁荣奠定了良好的基础。

琉璃厂书肆的集中发展与书肆诸店

清代的北京书肆在北京图书业的发展过程中具有突出的特点，也是北京古代书肆业发展的鼎盛时期。而这种书肆的繁荣，就是以琉璃厂书肆的发展为标志的。琉璃厂书肆的兴盛和起伏，代表了北京书肆业的发展主体，并且在经营活动中，以其特有的经营风格、经营品种和经营方式，成为北京古代书肆业的代表。琉璃厂书肆的很多经营传统一直延续到今天，依旧是北京古旧书业的行业传统和经营特色。

清顺治、康熙年间，北京的书肆多集中在慈仁寺，琉璃厂则由于内城的旗兵入住而开始大量地集中兴起民居和街巷。清康熙十八年（1679 年）北京大地震之后，慈仁寺的书肆渐渐衰落，代之而起的是琉璃厂的书肆和古玩店的集中发展。

据现有的资料看，在康熙末年琉璃厂就开始有书肆出现。到乾隆前期逐渐增多，特别是一些规模较大的书肆的出现，标志着琉璃厂文化街区的成型。琉璃厂的书肆，从乾隆年间开始，形成了较为集中的规模发展，很多书肆在当时具有相当的经营规模和影响，吸引了很多文人学士眷顾于此，终日盘桓在书棚之间，或搜求善本，或遴选杂文典籍，悠然自得。同时，也给文人雅士留下了深刻的印象。他们把在琉璃厂书肆“淘书”作为一种乐趣，而且还将自己的"淘书"生涯加以著述，为我们后人研究琉璃厂书肆的发展变迁，留下了珍贵的资料。与此同时，有的琉璃厂书肆从业者也仿效文人，记录和整理琉璃厂书肆的历史沿革，为后人研究北京图书业的发展提供了翔实的资料。这其中，李文藻的《琉璃厂书肆记》、缪荃孙的《琉璃厂书肆后记》、孙殿起的《琉璃厂书肆三记》、雷梦水的《琉璃厂书肆四记》，将琉璃厂书肆业的发展完整地记述下来。

李文藻在《琉璃厂书肆记》中记载了乾隆三十四年（1769年）琉璃厂的32家书肆,并对其书店的经营情况作了相应的记录。他所记述的书店，有的一直经营到民国时期。

李氏之后，同光时期乃至民国初年，江阴人氏缪荃孙数次寓居北京，为琉璃厂之常客。其留心琉璃厂书肆之变迁，并仿效李文藻对琉璃厂书肆逐家记录，写下了《琉璃厂书肆后记》，为后人研究清末民初的琉璃厂书肆提供了大量的第一手资料。其中有的书肆是李文藻记载中被倒手转卖过的。

李、缪之后，琉璃厂书肆从业者开始重视对北京书肆业的记录和考证，通学斋掌柜孙殿起、其外甥雷梦水二人再作《琉璃厂书肆三记》《琉璃厂书肆四记》，完整和翔实地记录了北京书肆业的变化，对北京图书行业的发展做出了积极的贡献，也对研究中国图书发行业的历史有着重要的促进作用。

根据李文藻《琉璃厂书肆记》、缪荃孙的《琉璃厂书肆后记》和孙殿起、雷梦水的《琉璃厂书肆三记》《琉璃厂书肆四记》以及笔者在中国书店20余年来所收集的有关资料，现将从清乾隆年间开始，曾经在琉璃厂出现过的主要的书肆详录于后，所收录的书肆的下限到 20 世纪 50 年代后期。

声遥堂：位于琉璃厂东门外路北，据传为乾隆十年（1745 年）左右开业，销售古旧书，李文藻曾在此店购买《广东新语》一书。同治年间，声遥堂被一个姓周的江西书商盘下，改名为文光楼。其店肆匾额“文光楼书坊”为戴恩溥题写。清光绪二年（1876 年），该书肆盘给北京良乡人石静庵，后又几次倒手，民国初年转卖给河北冀县人郭继庄，1938 年转手崔恺，以经营经史类古书和占卜书为主，1946 年文光楼歇业，一个前后延续了二百年的“声遥堂—文光楼”就此消失。

嵩秀堂：位于东琉璃厂路北，乾隆年间为唐姓所开。《琉璃

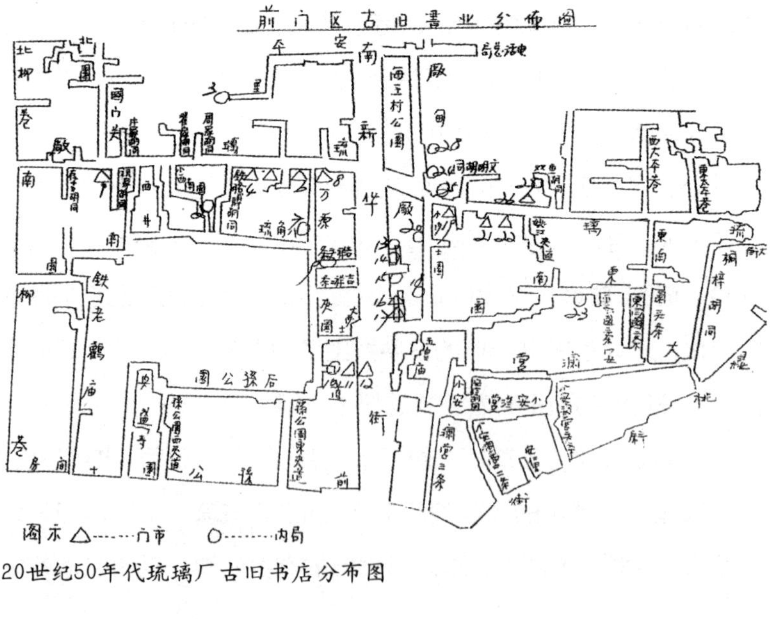

20世纪50年代琉璃厂古旧书店分布图

厂小志》据李文藻所著刊刻本将该书肆误为“嵩□堂”，实际上是原刊刻本“嵩□堂”之误。王冶秋撰写《琉璃厂史话》，据李文藻的稿本校正，为“嵩秀堂”。

聚瀛堂：是琉璃厂见于文献记录比较早的书肆之一，开设于乾隆年间。朝鲜人柳得恭在《燕台再游录》中记载：“聚瀛堂特潇洒，书籍又富，广庭起簟棚，随景开阖，置椅三四张，床桌笔砚，楚楚略备，月季花数盆烂开。初夏天气甚热，余日雇车至聚瀛堂散闷。卸笠据椅而坐，随意抽书看之，甚乐也。”

名盛堂：东琉璃厂路北，乾隆年间李氏所开。

带草堂：东琉璃厂路南，乾隆年间郑氏所开。

同升阁：东琉璃厂路南，乾隆年间李氏所开。

宗圣堂：东琉璃厂路北，乾隆年间曾氏所开。

圣经堂：东琉璃厂路北，乾隆年间李氏所开。

聚秀堂：东琉璃厂路北，乾隆年间曾氏所开。

文锦堂：东琉璃厂路南，乾隆年间营业。

文绘堂：东琉璃厂路南，乾隆年间营业。

宝田堂：东琉璃厂路南，乾隆年间营业。

京兆堂：东琉璃厂路南，销售古旧书，乾隆年间营业。

荣锦堂：东琉璃厂路南，乾隆年间营业。

经腴堂：东琉璃厂双鱼胡同路口，乾隆年间营业。从二酉堂到经腴堂，均为李氏所有，由此可见该号买卖的规模相当可观。民国二十年（1931 年）以后由魏桂辰经营。

宏文堂：东琉璃厂路南，乾隆年间郑氏所开。同治年间为赵鸿儒经营。

英华堂：东琉璃厂路南，乾隆年间徐氏所开。

文茂堂：东琉璃厂路南，乾隆年间傅氏所开。

聚星堂：东琉璃厂路南，乾隆年间曾氏所开，缪荃孙《琉璃厂书肆后记》中曾记载该店，但不久便歇业。

瑞云堂：东琉璃厂路南，乾隆年间周氏所开。

积秀堂：销售古旧书，乾隆年间营业，李文藻曾在此店肆看到《杨万里文集》《盘洲文集》抄本，索价颇高，李文藻"庋数日仍还之，而不能释于念也"。李文藻嗜书如命，时常"或典衣买之"。但是，当时的积秀堂又如此坚持高价而不退，颇有店大欺客之嫌，从一个侧面可见其经营还是很有规模和档次的。

文莱阁：位于东琉璃厂，民国年间开业，店主为河北冀县人魏文久。

文华堂：东琉璃厂西端路南，乾隆年间徐氏所开。咸丰年间曾易手，清末转手给孙邦杰，同治年间又转手卖给丁福堂。

文华堂：位于南新华街，民国十二年（1923 年）河北冀县人李善言又用文华堂之名开设书店，经营二十余年始停业。

文宝堂：东琉璃厂路北，同治年间开业，店主为江西人曹光圃。光绪年后期，其子继承父业继续经营，前后经营五十余年。

翰琳斋：东琉璃厂观音阁内，民国十年（1921 年）开业，店主为贡宝璋，店肆经营三四年便歇业。

连筠书社：东琉璃厂东南园头条路之东，民国二十九年（1940 年）开业，店主为河北枣强县人李恒连。

宝文斋:东琉璃厂路北,咸丰年间开业,店主为安徽人徐苍厓。为敬古斋书肆，徐氏在版本目录学方面有较高的造诣，颇受文人学士称颂。其店擅长经营方志图书，缪荃孙曾在该店购买《定海县志》《江阴县志》等。店堂的店招“宝文斋书铺”为贾桢所题写。

善成堂：东琉璃厂路南，同治年间江西饶起凤所开。该店肆曾刊行《十朝京华录》《十朝圣训》《诗韵合璧》等书数十种之多。光绪十八年（1892 年）倒手由河北束鹿人孙广盛经营，后店址迁至西琉璃厂路南,店名改为“善成堂东记”,前后经营五十余年。其门联颇有意境，上联为：善言善行其则不远；下联为：成己成物斯文在兹。

宝纶堂：琉璃厂铁胳膊胡同，民国十三年（1924 年）开业，店主为石同林，后迁至西南园经营。

文瑞堂：位于琉璃厂，光绪二十三年（1897 年）开业，店主为河北束鹿人王贞和，但经营数年后便歇业，店铺倒给新学会社，后转卖给商务印书馆。

肄文堂：民国年间开业，定兴人史永安、束鹿人丁玉田合伙经营，十余年后歇业。

大文堂：东琉璃厂路南，同治光绪年间江西刘氏所开。光绪年间转让给河北冀县人马鹏远开设文琳堂。

宝华堂：位于东琉璃厂，光绪年间开业，河北冀县人张宝善所开，张氏长于经营善本古书，先后经营四十余年。其店肆匾额由李鸿达题写。宝华堂后期由其徒弟经理，后转卖给河北冀县人李庆聚，未几歇业，转手石墨斋法帖铺。

修文堂：位于东琉璃厂，也为宝华堂张宝善光绪年间所开。店招“修文堂书坊”由伦五常题写。书肆经营十余年后倒手给黄氏，曾有宋版《徐节孝文集》三十卷，版本精美，为传是楼藏书。

铭德堂：位于琉璃厂，光绪初年开业，光绪三十三年（1907年）转手黄玉怀经营，经营三十余年后转卖给鸿文斋。

鸿文斋：东琉璃厂观音阁内，光绪二十年（1894年）开业，店主为河北冀县人刘英怀，主要经营新书。民国年间，刘氏买下铭德堂，将店铺迁至琉璃厂街面上。

翰文斋：位于东琉璃厂路南，店主韩心源，河北衡水人，曾在宝文斋学徒，颇得徐苍厓真传。他出徒后自己摆摊，清光绪十二年（1886年）开业，店招分别为孙贻经、李文田所题。其书肆曾收到李文藻、李勤伯藏书，并逐渐壮大起来，短短几年翰文斋变成琉璃厂著名的书肆。缪荃孙曾在韩心源的翰文斋购得诸多宋版古书。但韩心源去世较早，清光绪二十一年（1895年）翰文斋由其子韩自元继续经营。韩自元经营期间，较为得意之笔是从北洋政府教育部卖出的故宫八千袋明清文件档案中挑选部分文献而获得丰厚利润。民国十一年（1922年）北洋政府教育部无法正常发放职员薪水，便将原故宫所收藏的一部分明清档案以一万三千块现大洋卖给位于西单的同懋增纸笔店。韩氏闻听后捷足先登，与同懋增纸笔店掌柜程林坡商议，用二百块现大洋挑选了五百余斤，其中有宋、元旧版古书和奏折等珍贵文献资料一百三十多种。最为突出的有宋刊大字本《苏文忠奏议》《居士集》《资治通鉴》《博古图录》《尚书正义》和宋巾箱本《周礼》等，元刊本有《通鉴续编》《王氏玉海》《新编古今事文类聚》《朱文公校昌黎集》以及元大德年间重校勘本《圣迹总录》等。这批典籍文献让韩自元获利极丰，甚至有的以页论价，每页现大洋十块。西单同懋增纸笔店掌柜程林坡闻听此事，颇为感慨地对其店里伙计说：还是不懂古书，让人家去挣大钱了。翰文斋不仅仅销售古书，还刊刻古籍图书，先后刊行了《蒙古源流》《元遗山先生全集》《清秘述闻》《士礼居藏书题跋记》《樊川全集》《百宋一廛赋注》等。翰文斋一直经营到中华人民共和国成立以后，1958 年公私合营后并入中国书店。

正文斋：位于东琉璃厂，清光绪二十五年（1899 年）开业，店主为河北冀县人谭锡庆。谭氏在光绪十六年（1890 年）开始在文昌会馆开古旧书买卖，后才开正文斋。其店藏有诸多钞本和家刻本，尤以仿旧钞本见长，常有人为此而被蒙骗。光绪二十六年（1900 年）庚子之变后，该店经营颇为出色，曾经从大内太监手中收购到太监从内府盗出的皇家藏书，并以此起家。他的店里藏有不少宋版书，并收有部分古书木版。民国元年（1912 年）谭氏早亡，店经营二十余年歇业，所藏图书转卖给孔群书社，由其在文昌馆内以封货的形式将所剩古书分三四次转卖给琉璃厂书业同行。

富文堂：东琉璃厂路北，咸丰年间饶氏所开，人送雅号“饶老康”，店招为何绍基题写。曾自行刊刻图书，有稽古楼袖珍本《十三经古注》《经世文编》《全唐诗》《皇朝经世文编》等。民国时店肆被倒手转给文宝斋墨盒铺。

宝名斋:位于东琉璃厂,店主为山西人李衷山。李氏交往甚广,也时常与官府来往，结交权贵。该店曾收有汉阳叶东卿藏书，有百箱之多。同治年间，大内欲重新装订修补天禄琳琅之书，由内府发给该店承办。宝名斋经营颇为显著，资本雄厚，为琉璃厂古书业首屈一指的大店肆，仅铺面房就有九间之多，当时琉璃厂有人称“琉璃厂一条龙，九间门面是宝名”。该店先后经营了三十多年。光绪年间，因其过于张扬，被御史李璠以侵占官街、私侵窑产等事上奏查封，李衷山被发配天津。

安德堂：东琉璃厂南，原为明远堂，光绪年间开业，店主为河北冀县人韩克顺，经营数年后歇业，后转卖给宏远堂。

宏远堂：东琉璃厂路南，光绪年后期从安德堂店主手中盘下来开设，店主为河北冀县人赵宸选。在其经营期间，将歇业后的正文斋部分古书购入该店，被视为奇货可居。民国年间，赵氏请其胞弟赵朝选为其经营，该店在琉璃厂前后经营四十多年。

晋华书局:东琉璃厂路北，清末宣统年间开业，店主孔庆云，河北冀县人。民国十四年（1925 年），孔庆云与文奎堂、待求书店合伙收购定兴徐枋家藏古书。徐枋，山东临清人，后寄籍河北定兴,光绪年举人,曾官至国子监丞,为著名藏书家,其藏书甚多,且不乏珍善本古籍。三家店肆颇为踌躇，意欲得善价而沽，前后延续一年有余，因晋华书局所支付收购款为银号贷款，所收之书久拖而未出售，难以支付银号的利息，最后非但没有获利，反而亏损甚多，不得已倒闭歇业。

文益书局：东琉璃厂火神庙内，民国三年（1914 年）开业，店主张福起，束鹿县人。该店开业仅三年有余便停业。

来鹿堂：位于东琉璃厂，咸丰末年开业，店主王永田，河北深县人，未几便易手富强斋，经营新书。

富强斋：店主柴新元，其从王永田手中买得来鹿堂店铺继续经营，数年后富强斋歇业，店铺转卖给惟一书社，柴新元又开设国粹书庄。

惟一书社：在东琉璃厂来鹿堂旧址，民国年间田瑞增从富强斋手中买下店铺，但未几歇业。

翰友堂：位于东琉璃厂，民国十八年（1929年）开业，店为河北冀县人刘明学、刘根锁合伙所开，二人主要经营古书，曾多次去江西一带收书，数年后歇业。

焕文斋：琉璃厂东门五号，民国二十八年（1939年）开业，店主为河北冀县人张文堂。

振文阁：琉璃厂东门五号，民国二十八年（1939年）开业，店主为河北景县人刘振昌。

藜光阁：位于东琉璃厂，咸丰年间开业，原为江西人所开，光绪年间被文光楼掌柜石静庵所购买，经营若干年后卖给成文斋文玩铺，前后一共经营五十余年。店肆的匾额"藜光阁书林"为王祖光所题写。

积山书局：位于东琉璃厂，光绪年间开业，店主为河北冀县人张林怀，宣统年歇业。

瑞铭斋:位于琉璃厂,光绪二十年（1894年）开业,未几歇业。

三槐堂：位于东琉璃厂路北，咸丰年间开业，店主为江西人夏麒麟。后该店为来鹿堂掌柜王永田买下，光绪二十六年（1900年）庚子之变后歇业。后转卖给文明斋。

文明斋：位于东琉璃厂路北，光绪年庚子事变后在琉璃厂开业，其原址为三槐堂，由河北深县人姜士存将原店铺盘下来，经营古旧书二十余年后歇业，店铺盘给师竹斋裱画铺。

文澜堂：位于西琉璃厂，光绪年间开业，店主为河北人孙占喜，经营十余年歇业，店铺倒给有益堂经营。

有益堂：东琉璃厂路北，光绪二十五年（1899年）开业，店主为束鹿人邓存仁。邓氏光绪十九年（1893年）曾在延圣庵内开深柳书社，深柳书社歇业后又开有益堂。邓存仁，字峻山，在经营中颇能吃苦，曾到广东等地收书，在清代末年琉璃厂书业中多有称颂。该店经营十余年后停业，倒给锦章书局卖新书，后又转手给文楷斋刻字铺。

荣禄堂：东琉璃厂路北，光绪十年（1884年）开业，店主为束鹿县人丁福毓，曾开分号文蔚堂。民国年间，该店交由梅俊卿经理，后丁福毓之侄接替经营，前后经营四十余年，后店铺倒卖给博文斋文玩铺。

福润堂：位于琉璃厂，光绪二十九年（1903年）开业，店主为束鹿人王福田。王氏颇有心计，以经营残本古书为主，所以其店铺匾额书曰“配书处”，主要服务大内，甚至有入大内之腰牌。该店经营十余年后倒手给延古斋字画铺，后为中华书局所在。

松筠阁：开业于清光绪二十六年（1900年），由刘际唐（字盛虞）开办。旧时对松筠阁开办时间多有疑问，缪荃孙《琉璃厂书肆后记》及孙殿起《琉璃厂书肆三记》等文献言及松筠阁开业时间之处，均未作明确的时间说明。但在 1958 年北京古旧书业公私合营的档案材料里，琉璃厂私营书店清产核资时，有店主和公方代表共同核定的登记表，登记表中对松筠阁的开业时间有明

邓拓题写的松筠阁匾额

松筠阁店铺

确记载。刘际唐开设松筠阁初期，店铺在地藏庵内。民国元年（1912年）迁至琉璃厂路南的槐荫山房，以后又经数次迁址，但始终都在琉璃厂地区，是这里的一家老店。刘半农先生在京时，经常光顾松筠阁，从中选购各种古籍。一次，他从松筠阁偶尔购得金圣叹贯华堂原刊的七十一回《水浒传》，书品极佳。刘半农先生后将此书影印出版，他在影印本的“自序”中写道：“从金圣叹到现在，三百年中，这七十一回本《水浒传》不知道翻刻过了多少次，可都是刻的不大好。因为这是我生平最喜欢的书中之一种，我在近二十年中，各处探访，很想买一部精刻本，到了去年3月，琉璃厂松筠阁书店居然替我找到了完整的，二十年寻求，得于一旦。这一乐，非同小可！”民国十四年（1925年），刘际唐在北京西晓市打鼓摊上廉价购到旧抄曲本1400余种5131册。经北大教授马隅卿、沈尹默先生鉴定，这批图书为清代北京蒙古族车王府抄本，其内容包括戏曲、俗曲、小说、鼓词、子弟书、乐曲等，而且是未刻之稿本，为研究戏曲小说和民间通俗文学的重要资料，极为珍贵。这批书刘氏卖与孔德学校收藏，抗战时部分转归北京大学，余下的214种2358册中华人民共和国成立后转归首都图书馆收藏。20世纪90年代北京出版社出版的《车王府曲本》就是根据这批图书为底本影印的。民国三十年（1941年）前后，松筠阁改由刘际唐之子刘殿文经营。刘殿文，字擘选，以经营旧期刊而闻名京城，人送雅号“杂志大王”。他对各种期刊版本的识别日趋精湛，在京城古旧书业中，被公认为精通杂志目录之学的第一人。其著有《中国杂志知见目录》，代表了他在期刊集配以及杂志目录学上的成就。1958 年，松筠阁经过公私合营改造，并入中国书店，成为中国书店的一家主要经营古书和新印古籍的专业店。

槐荫山房：位于东琉璃厂，咸丰年间开业，店主为江西曹氏，因该店肆有明代古槐树一棵，故起名为槐荫山房。后该店肆倒手，光绪年间该店转手给河北衡水人马崇基，民国元年（1912 年）将店铺租给刘际唐开松筠阁。民国六年（1917 年），马崇基孙子马寅生承其祖父之业自己经营，三十余年才歇业。后该店倒给一家字画铺。

友仁堂：位于东琉璃厂，民国年间开业，店主为河北雄县人王仁桢。

古芬阁：位于琉璃厂，光绪年开业，店主为河北冀县人尚善修，经营十余年后停业，后转卖给悦古斋字画铺。

李可染题写的槐荫山房匾额，但此槐荫山房早已不是旧时书肆

二酉斋：东琉璃厂，同治年间开业，店主江西人徐春厓，前后由张质卿、傅青峻经营四十余年。同治十三年（1874年）刊行四卷《鉴撮》，后其店铺倒手给鉴光阁字画铺。

文盛堂：东琉璃厂路北，道光年间开业，店主为江西人王氏，后经楼氏之手，光绪二十年（1894年）转手刘氏经营。道光年间该店肆曾刊刻《关帝事迹征信编》，同治九年（1870年）刊行《元龙杂字》。停业后原店铺转售于博韫斋字画铺。

开明书局：位于东琉璃厂，民国四年（1915年）开业，店主为姜士存，光绪年间曾开文明斋。姜氏经营开明书局十余年，民国十七年（1928年）将书铺交给其徒弟李丙寅打理，民国三十七年（1948年）歇业。该店在经营和收售古董方面的典籍较为显著，曾自苏州购进吴云所著《两罍轩彝器图释》《历代名人年谱》等两种图书全套木版，并予以刊行。1933年，又将其收购到的清嘉庆元年（1796年）刊刻的《十六长乐堂古器款识考》重新刊行。

孔群书社：东琉璃厂，民国年间开业，店主为河北交河（今河北献县）人张建堂。其曾购买正文斋书店店铺经营，数年后易手给待求书店。

待求书店：民国年间开业，店主为河北冀县人李明立，在孔群书社旧址开业。民国十四年（1925年）李明立与文奎堂、晋华书局合伙收购定兴徐枋家藏古书，一时间在北京古旧书业引起轰动和羡慕。而三家店肆认为奇货可居，想从容地将所收藏书整理编目后待价而沽。由此持续了一年有余，因待求书店合伙收购之款是从银号借贷而来，延迟不还，所获利润非但不能填补银号之利息，反而亏损了许多，无奈之下倒闭，店铺倒给实学书店。

实学书店：原在南新华街，民国二十九（1940 年）元月迁至东琉璃厂原孔群书社店址，店主为河北深县人王士琪。王氏对版本目录学颇为熟识，以经营清人文集为主。1958 年实学书店公私合营后并入中国书店。

古香书屋：民国十四年（1925 年）开业，店主为河北衡水人申征诚，店铺在待求书店东侧的胡同之中。

松古堂：民国三十年（1941 年）开业，店铺为原正文斋店铺之一部分,店主为河北深县人左万寿。1946 年改由左松山经理，1958 年公私合营后并入中国书店。

文友堂：东琉璃厂，光绪八年（1882 年）开业，店主为河北冀县人魏占良、魏占云，以经营古书为主，颇有善本。缪荃孙在这里曾购得明刻本《二妙集》和《说文篆韵补》等书。文友堂与双鉴楼主傅氏交往甚密。民国年间，魏占云之子魏文厚及其侄魏文传继长辈之业，前后经营六十余年。该店以 1931 年收购到明万历四十五年（1617 年）刻本《金瓶梅词话》而闻名于琉璃厂书肆业。后易手给文禄堂。文友堂的店肆匾额由刘廷森、傅增湘书写。文友堂还曾刊刻过《景德镇陶录》《景德镇陶说》《中国艺术家徵略》《明诗纪事》等图书。

文禄堂:位于琉璃厂东南园路北,民国十五年(1926 年)开业，原址为文友堂书店，店主为河北任丘县人王文进，字晋卿。民国二十二年（1933 年）迁至琉璃厂路南，民国三十一年（1942 年）

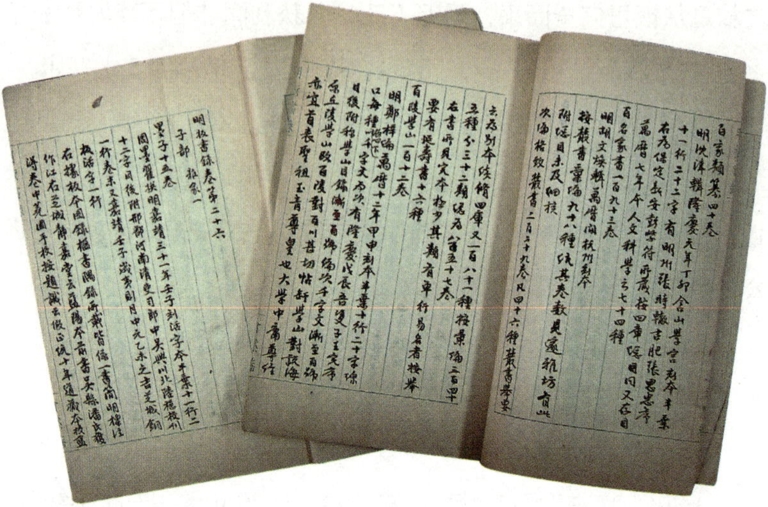

王晋卿《明版书录》稿本

又迁至厂甸路南。王晋卿为琉璃厂著名版本专家，在其经营之中，留心研究和收集善本古籍资料，曾著有《明版书录》《文禄堂访书记》，为后人研究古籍版本留下了重要的文献资料。1944年至1949年，王晋卿延请孔繁山经理文禄堂生意。1958年公私合营后，文禄堂合并到中国书店内，王晋卿先生于1960年7月在北京病逝。

宝善堂：位于东琉璃厂，店主为河北冀县人韩克顺，其店招为鲁琪光所书。店肆经营时间不长，后倒手论文斋古玩字画铺。

铭珍斋：位于东琉璃厂，1941年3月开业，店主为河北武邑人李铭珍。其店肆名称与光绪三十四年（1908年）开设的铭珍斋古玩店同名，但无先后关联。李铭珍原在西琉璃厂地藏庵内摆摊经营古旧书，后开设铭珍斋，以经营清代考据类古籍居多，同时也经营一些中医药图书、《易经》及星占术等图书。1958年公私合营后并入中国书店。

博文书局：位于东琉璃厂火神庙内（今宣武文化馆院内），清光绪年间开业，店主为宝坻人王连城，该店经营不久便歇业。

同善堂：东琉璃厂火神庙内，光绪年间开业，店主为马永，除卖书外，主要经营线装书的印刷，经营三十余年后停业。

中原书店：东琉璃厂火神庙内，民国十九年（1930 年）开业，店主贡士卿，河北衡水人，该店仅仅经营三年便歇业。

文汇阁：东琉璃厂火神庙内，1938 年开业，店主傅宗泰。文汇阁主要经营古书，傅宗泰时常到山西太原、介休、平遥收书。曾经收到明代崇祯年刊刻的董若雨著《西游补》、明万历年刻本《吴越备史》、崧斋木活字本《唐诗类苑》、明崇祯六年（1633 年）刻本《历乘》等善本古籍。1958 年文汇阁公私合营后并入中国书店。

荣华堂：光绪年间开业，店主为宝坻人张宏。该店铺原为江西人所开文英堂，后为宏文书局所有。再后归孙华卿，迁至海王村公园内（今中国书店总店所在地），民国十七年（1928 年）重张。其店肆的匾额由光绪年进士范振绪题写。孙氏经营期间，曾收得大量善本古书，如明万历年间蓝墨印本《开源图说》、原稿本《闽中石刻初编》、明万历戊午（四十六年，1618 年）刻本《少室山房四部类稿》等。民国三十六年（1947 年）孙华卿在西晓市打鼓摊上以三元的价格曾购得清乾隆五十七年（1792 年）程伟元刊行的程乙本《红楼梦》，并转售给来薰阁。1950 年，因海王村被北京市电话局占用，荣华堂被迫迁走。

文粹堂：沙土园北口路西，乾隆年间营业。东家为金氏，掌柜的姓谢，为江苏苏州人氏，对古书颇为钟情。李文藻在该店购书极多，有《续资治通鉴长编纪事本末》《芦浦笔记》《滏水集》《吕敬夫诗集》《焦氏经籍志》《长安志》《鸡肋集》等钞本或刻本达二十余种。

勤有堂：位于沙土园，光绪十七年（1891 年）杨维舟所开，其店铺的匾额由李文田题写。杨氏颇识古旧书，曾为缪荃孙购得诸多古书。民国二十八年到三十二年（1939—1943 年），店里的业务由郭纪森经理，后该店停业。

书业堂：位于沙土园，同光年间由山西人崔氏所开，门面虽小，但是经营古旧书颇有门道，缪荃孙明刻本《宰辅编年录》《程史》等均由此店搜求。

肄雅堂：位于沙土园，光绪年间开业，店主丁梦松，字子固。肄雅堂以经营古书为主，擅长古书装订修补，同治年间，曾与宝名斋一起承担大内所藏天禄琳琅之书的修补。据载，丁子固待人颇傲，后因宝名斋之事而被官府斥责，遂有所收敛。该店前后经营六十余年，1958 年公私合营后并入中国书店。

蔚文堂：位于琉璃厂，光绪年间开业，店肆的匾额“蔚文堂书铺”为王淮珍所书，另有冯文蔚所书“蔚文堂书肆”匾额。该店肆为肄雅堂之分号，经营数年后于宣统年间转手给书业公司。

纯华阁：琉璃厂小沙土园南，民国十五年（1926 年）开业，民国二十八年（1939 年）迁于安平里，店主河北衡水人李振声。

效贤阁：琉璃厂小沙土园内，民国三十二年（1943 年）开业，店主为河北枣强县人裴孝先。裴孝先原在来薰阁学徒，出徒后开始在来薰阁当伙计，未几出号，与阴宏远合伙在东琉璃厂西口路南开设文芸阁,前后经营六年歇业。民国三十二年(1943年),裴孝先自己开设效贤阁，经营古书。裴氏精于古书版本，在目录学领域很有见识，书法也好，常去南方收购古旧书。1958年效贤阁公私合营后并入中国书店，裴孝先任收购员。

胡介眉书帖铺：位于琉璃厂小沙土园内，店主为河北南宫县人胡介眉。该店原为法帖铺，也兼营一些美术、考古类图书和上海出版的珂罗版法帖，1958年公私合营以后，胡介眉最初在中国书店供职，后转至北京文物商店，在碑帖的鉴定方面具有很高的造诣。

丰记书局：南新华街土地祠内，民国年间开业，店主河北冀县人黄玉群，店铺经营数年后停业。

文道堂：南新华街土地祠内，民国十一年（1922年）开业，店主为河北枣强县人李存贵，该店经营仅三年便停业。

会文斋：位于文昌馆内，光绪二十二年（1896年）开业，店主为河北衡水人何培元，何氏对古书版本颇为熟识，对于他所经眼的古书都将每种书的行款、序跋以及每书多少函多少册、每页几行每行几字均一一记录在册，积累了相关的古书经眼录十余册，很多古书的版本未见著录，其在目录学方面贡献突出。经营二十余年后，从民国十年（1921年）开始，聘请李善祥经理店铺生意二十余年，前后达五十余年。会文斋与文人学士交往甚密，他的店肆匾额由光绪年进士、国子监祭酒王懿荣题写。

崇文斋：位于文昌馆内，民国十年（1921年）开业，店主为河北冀县人孙清维。其店肆匾额为清末举人、曾任清史馆提调、北京古物陈列所所长、著名学者周肇祥题写。民国十九年（1930年）孙清维回河北老家探亲，途中路过德县偶遇集市，在旧书摊上无意中发现了山东聊城海源阁藏书楼流散出来的宋刊本《童蒙训》两册，孙氏喜出望外，以极为低廉的价格买到手，后卖给北京图书馆，得善价。

毓文斋：位于文昌馆内，光绪年间开业，店主为河北冀县人魏文智，该店铺曾在天津开分号，民国二十年（1931年）前后停业。

南新华书摊

继文堂：位于沙土园文昌馆内，民国年间开业，店主为河北冀县人张继全。

同文堂：位于文昌馆内，民国年间开业，店主为河北深县人董同堂。

德友堂：原位于文昌馆内，光绪二十七年（1901 年）开业，店主为河北任丘人王凤仪。民国四年（1915 年）王凤仪之弟王景德继续经营，民国二十年（1931 年）迁至南新华街路东继续经营，后又迁到吉祥胡同头条。德友堂的匾额由光绪十五年（1889 年）进士、翰林编修、国史馆协修，曾任袁世凯大总统顾问的著名藏书家李盛铎书写。

会文堂：琉璃厂文昌阁内，光绪年间开业，店主为刘会堂。在文昌阁经营十余年后，又迁至西琉璃厂宝森堂之东。民国年间其子承其业。

文德堂：琉璃厂文昌阁内，光绪年间开业，店主韩逢源，经营古书。韩逢源擅长古书版本，民国年间迁至西琉璃厂路南文贵堂旧址，经营三十余年。韩氏民国初年，曾在一次为一王爷装订修补溥仪从故宫带出的宋绍兴年刊刻的《资治通鉴》时，以宋百衲本《资治通鉴》作伪仿制，将原真本匿藏。而那位王爷并不知晓版本，依旧被蒙蔽。事后，韩氏先将《资治通鉴》目录三十卷卖给北洋政府教育总长傅沅叔，而将全书以一万块现大洋的价格卖给北洋政府财政部次长潘复。民国十二年（1923 年）潘复用宋绍兴刻本《白孔六帖》交换，才将《资治通鉴》目录三十卷得到，让这部重要的善本得以完整收藏。古旧书业经营之恶习，由此可见一斑。

聚古堂：琉璃厂文昌馆内，民国二十年（1931 年）开业，店主为河北冀县人李恒聚，经营十余年停业。

瑞芝阁：位于琉璃厂周家胡同，民国二十三年（1934 年）开业，店主为河北交河（今河北献县）人张瑞昌，字瑞芝。民国三十二年（1943 年），该店迁至小沙土园。

宝仁堂：位于琉璃厂小沙土园附近，光绪年间开业，店主为河北枣强县人张继德，多经营新书，前后经营四十余年，后易手王文升笔墨庄。

文芸堂：琉璃厂文昌阁内，民国年间开业，为河北枣强县人阴永增、裴连顺二人合伙开办，经营数年后停业，店铺转手给魏广洲。

复古堂：位于琉璃厂，清光绪三十二年（1906 年）开业，店主为河北深县人张凌贵，经营数年后歇业。

书业堂：位于琉璃厂，同治年间开业，店主为山西人崔贞礼和河北深县人韩均，经营三十余年后歇业。

希古堂：琉璃厂吉祥胡同二条，民国二十八年（1939 年）开业，民国三十三年（1944 年）迁至灯笼胡同路东。

文琳堂：东琉璃厂路南，光绪年间在大文堂旧址开业，店主为河北冀县人马鹏远。该店主要经营古书，较为讲求版本，经营三十余年后于民国七年（1918 年）前后转让给南阳山房。

南阳山房：东琉璃厂路南，原为大文堂旧址，民国七年（1918年）河北深县人张凌贵将在大文堂旧址上经营的文琳堂店铺盘下，开设南阳山房，十余年后歇业，转卖给文兴书局经营新书。

大酉堂：位于东琉璃厂，同治年间开业，光绪八年（1882年）河北衡水人马崇基接手经营，该店经营近二十年后歇业，店铺倒手卖给戴月轩笔墨庄。《琉璃厂小志》中对该店位置的记载相互矛盾。

国粹书庄：位于琉璃厂，民国年间开业，店主为河北冀县人柴新元，经营数年后歇业。

直隶书局：位于琉璃厂，宣统元年（1909年）由宋魁文、边义元、刘春霖三人合伙开业，经营古旧书，曾收售宋版《范忠宣集》、元刻本《滹南遗老集》。该店在保定、天津均有分号。民国年间，三人分伙，直隶书局归宋魁文所有。民国二十六年（1937年），宋因年事已高，将店铺易手给王永祥。

艺文书局：位于琉璃厂，民国年间开业，店主为河北枣强县人马俊祥，未几停业。

企古斋：琉璃厂大沙土园，民国元年（1912年）开业，店主河北冀县人赵元捷，民国三十三年（1944年）歇业。

二希堂：位于南新华街长春会馆，民国二十三年（1934年）开业，店主为河北冀县人吴希贤。因其胞弟吴希江协同他一起经营，故店名起为“二希堂”。吴希贤对古书版本研究颇深，经营中虽藏书不多，但版本质量极高，多为笔记小说和太平天国史料等图书。吴氏经常到山西、河南、山东、河北等地收购古书。1958年二希堂公私合营后并入中国书店，吴希贤在中国书店工作，“文化大革命”期间进入军管会文物清理小组，“文化大革命”结束后就职于北京市文物局。著有《历代版刻经眼录》，2003 年 10 月由中国书店出版。

敬义堂:南新华街长春会馆内，民国三十年（1941 年）开业，店主为河北冀县人孔繁义，以经营古书为主。1958 年敬义堂公私合营后并入中国书店。

麗生书局：位于厂甸，河北冀县人魏麗生所开。魏氏早年与其师弟合伙在隆福寺开办东来阁，后又到长春设立分号，日本投降后其分号歇业。1949 年魏麗生回到北京，在琉璃厂开设麗生书局，主要经营古书。1958 年该店公私合营后并入中国书店。

裴英阁:位于南新华街长春会馆内，民国二十一年（1932 年）开业，店主为河北枣强县人裴子英，1958 年公私合营时并入中国书店。

勤有堂：南新华街路西吉祥头条，民国年间开业，与光绪年间杨维舟开业的勤有堂同名，其店主为河北枣强县人崔世璋，经营数年后歇业。

宝笈堂：位于琉璃厂大沙土园，光绪年间后期开业，店主为河北冀县人李同聚，前后经营十余年，民国年间易手为明远斋裱画铺。

通学斋：南新华街路东，民国八年（1919 年）开业，店主河北冀县人孙殿起，字耀卿。通学斋为著名藏书家伦明（字哲如）出资，孙殿起经营。开业时藏书很少，便暂借伦明和文友堂的藏书陈列。孙殿起经营通学斋近四十年，在琉璃厂古书业享有盛名，特别是在 1925—1935 年期间，是通学斋经营发展的高潮阶段，

揭裱字画（选自《洋镜头里的老北京》北京出版社）

每年经手的古书两万册左右，店肆的规模也逐渐发展起来，在北京琉璃厂现代史上留下了浓重的一笔。尤为值得赞颂的是，孙殿起对版本研究颇深，在经营古书过程中极为注重对经手古书的资料整理汇集，先后撰著《丛书目录拾遗》（民国二十三年刊行）、《贩书偶记》（民国二十五年刊行）、《贩书偶记续编》《琉璃厂小志》等著作，其成果之多，为古旧书业著书立说"第一人"。通学斋1958 年公私合营后并入中国书店。

文萃堂：南新华街吉祥胡同二条，民国三十一年（1942 年）开业，店主为河北任丘县人王仲华。

宝铭堂：琉璃厂吕祖祠南墙外，民国十七年（1928 年）开业，为河北冀县人李建吉等三人合股开设。李建吉常到南方各省收购古书，经手善本很多。1958 年宝铭堂公私合营后并入中国书店。

第一书局：琉璃厂海王村院内，原址在现中国书店总店办公楼的位置。清光绪三十年（1904 年）开业，主要经营新书。后因海王村公园内建工艺局工商陈列所的洋楼而停业。

森宝堂：琉璃厂海王村内，民国七年（1918 年）开业，店主为河北冀县人陈桂祥，经营十年后歇业，店铺卖给久安堂。

久安堂：琉璃厂海王村院内，民国十七年（1928 年）河北冀县人李怀均、谷九经合伙买下森宝堂经营，两年后歇业。

钧古堂：原在东琉璃厂，民国元年（1912 年）开业，店主河北冀县人刘立苍。民国十八年（1929 年），店迁至琉璃厂吕祖祠南墙外，民国三十二年（1943 年）刘立苍之子刘金源继其业。

文澂阁：琉璃厂吕祖祠南，民国十七年（1928 年）开业，店主为河北衡水人高鸿猷。

养拙斋：琉璃厂海王村院内，民国七年（1918 年）开业，店主为河北冀县人李同群，其经营十余年后歇业。

群玉斋：琉璃厂海王村院内，民国二十年（1931 年）开业，店主为河北武邑县人张俊杰，张氏擅长古书装订修补，对目录学研究颇深。

长兴书局：琉璃厂海王村院内，康有为出资开办，民国八年（1919 年）开业，由胡永椿、刘金声经营，专门销售康氏所著图书，店招为康有为亲书，民国十三年（1924 年）歇业。

九经阁：琉璃厂海王村院内，民国十七年（1928 年）开业，店主为河北冀县人谷九经。1937年曾以五百元的价格与群玉斋合伙收购吴廷燮藏书，内中善本书颇多。

邃雅斋：原在西琉璃厂，今在琉璃厂海王村，原由董金榜（字会卿）、刘英豪（字子杰）、郭景新（字子章）等三人合办。其店铺匾额“邃雅斋”为清末民初著名的学者、诗人和书画家姚茫父题写。董、刘二人精通目录学、版本学，对古书的鉴定和收购甚为精通。原邃雅斋出身的王志鹏老先生曾回忆，邃雅斋在经营中，董会卿做事细致、勤劳，为经理。刘子杰在古书版本上稍胜一筹，为“二经理”，主要负责古书的收购和销售等业务，二人配合默契，使邃雅斋的经营日渐增长，得到许多善本古籍。民国二十八年（1939年），邃雅斋与琉璃厂同行文殿阁等书铺合伙，从南京收购一批邓氏家藏古书，总价达四万元之巨，大部分是抄校本。

邃雅斋原店铺门

民国时期在邃雅斋的王志鹏

其中，最为著名的是《穴研斋抄本》六种。大约在20世纪40年代初期，邃雅斋自武汉收到明代《周益文忠公大全集》一部，书中有黄丕烈之跋，极为珍贵。随后，又在上海收购明代兰雪堂仿宋活字本洪迈撰《容斋五笔》。民国三十五年（1946年），又自山东黄县丁氏家中得到明蓝墨格写本《册府元龟》一部。中华人民共和国成立后，邃雅斋又先后收到明天顺五年（1461年）刊本《宋学士全集》、明弘治年间的《菊坡丛话》等书。当然，在邃雅斋的经营历程中，也有一时疏忽而走眼的经历。中华人民共和国成立前，邃雅斋从山东济南以1200元的价格购到一部明覆宋本的《春秋左传》，误为宋版珍籍，回京城后欲以万元求售，但经有关人士鉴定为明版图书，遂悄然收起。

邃雅斋不仅在古书的收购销售上颇具建树，在刊行新印古籍方面也很有声势。民国二十三年（1934年），邃雅斋以《邃雅斋丛书》的名义刊行了8种典籍，所选底本均为善本，如清焦廷琥撰《三传经文辨异》，以写本影印；清汪喜孙撰《尚友记》《汪孟慈文集》等，均为据稿本影印。这些古书的影印为学术研究提供了珍贵的文献资料，特别是今天研究清代文人文集，更需要这些文稿。此外，邃雅斋还在当时出版了《清代燕都梨园史料》，共计 36 种。这套丛书囊括了当时京城研究戏曲的主要成果，它的出版在北京文化发展史上以及在戏曲研究史上有着突出的贡献。今天许多研究北京文化发展史的专家，对于邃雅斋所出版的《清代燕都梨园史料》评价颇高。一个私营的书肆，在当时的情况下有这样的出版眼光，确实是难得。20 世纪 50 年代中后期，由于邃雅斋在古书销售上的业绩和广泛影响，使之成为琉璃厂规模和声势较为出众的古书店之一。1958 年，邃雅斋经过公私合营改造，并入中国书店，并一直作为中国书店的主要门店之一，在古旧书刊的发行上发挥着重要作用。

先月楼:西琉璃厂路南,多经营内府刻本,乾隆年间李氏所开。

宝名堂：西琉璃厂路北，乾隆年间周氏所开，为一家颇具规模的古书店，曾购得果亲王府流出的善本古书，列架而陈设，十分排场。李文藻在此购得《元史略》《读史方舆纪要》等钞本，还在这里淘到宋版《自警编》《温公书仪》等书以及方苞（望溪）原书稿。

瑞锦堂：西琉璃厂路南，与宝名堂一样，均为乾隆年间周氏所开，也以销售古旧书为主。

鉴古堂：位于西琉璃厂，乾隆年间因店主老韦对古书研究颇有造诣而在琉璃厂享有盛名。老韦也因在版本鉴别方面的出众，成为文献中记载古旧书业第一个在版本方面具有较高水平的书商。老韦为浙江湖州人，其名早已为人淡忘，但其在古书经营方面的造诣却在李文藻的《琉璃厂书肆记》中被记载得活灵活现，为后人所了解。曾刻有《辑宋诗钞》一书，在古书版本方面有一定的影响。

鉴古堂：在琉璃厂的历史上很多店铺的名称有重复，鉴古堂就是其中之一。光绪年间宛平县人郭立煜开设了新的鉴古堂，郭氏对古书版本颇为熟识，店铺刚开设时在西琉璃厂，宣统二年（1910年）迁至琉璃厂西门路南同雅堂旧址继续经营，前后营业二十余年。

焕文堂：位于西琉璃厂，与宝名堂、瑞锦堂一样均为周氏乾隆年间所开。

五柳居：位于西琉璃厂路北，乾隆三十四年（1769年）开业，销售古旧书，其店主为陶正祥，江苏吴县人。陶正祥少年时家境贫寒，后来以经营书肆为业，在琉璃厂书肆业颇有影响，曾购得璜川吴氏藏书而引得文人学士光顾。璜川吴氏藏书前后四代，始自吴铨。吴铨，字容斋，号璜川，生于徽州歙县之璜源，雍正年间曾任江西吉安太守，归乡后建遂初园，因故里为新安璜源，故题其藏书处为“璜川书屋”。吴铨藏书逾万卷，其中珍本秘籍无数，“璜川吴氏”藏书在当时享有盛名。吴铨殁后，其藏书稍有散佚，五柳居当在此时收得吴氏藏书。此外，五柳居曾在道光年间刊刻宋司马光所撰著的十卷本《太玄经集注》《十三经注疏》《抱朴子》等古书。

延庆堂：西琉璃厂路北，刘氏乾隆年间所开。该店曾收到曹寅的藏书数十部，每部书上均有曹寅楝亭之印。

博古堂：西琉璃厂路南，乾隆年间李氏所开。

萃文堂：西琉璃厂路南，光绪二十年（1894年）开业，店主为河北冀县人常永祥。萃文堂主要经营古书，曾与易文堂魏氏联合到河南收购古书，为京城藏书家所重视。

尚有堂：位于西琉璃厂路北，光绪年间开设，店主为河北冀县人赵鸿儒。赵鸿儒同治年间曾经营宏文堂，后自己开尚有堂。后尚有堂转手卖给师存志，又倒手给开设古芬阁的尚善修。

富晋书社：店主为河北冀县人王富晋，民国元年（1912年）在杨梅树斜街青云阁内经营。民国二十年（1931年），扬州吴氏测海楼藏书欲出售，最初由扬州人士黄锡生介绍琉璃厂直隶书局宋魁文购买，但因价格而未果。王富晋趁势与测海楼商议，以四万元价格购入。测海楼这批图书共计五百八十九箱八千余种图书，有明弘治年刊本《八闽通志》《延安府志》，明嘉靖年刻本《广西通志》等，颇为珍贵。黄锡生因未能得到介绍的中介佣金而四处扬言王富晋所购之书是为外国人购买，引起当地官府关注，禁止将书运走。但当地官府又无力收购这批图书，事情僵持不下，最后由上海社会贤达陈乃乾与蔡元培先生分别向江苏有关方面解释，保证不将这批书卖给外国人，江苏民政厅、教育厅指令江都县府，才得以放行。据说测海楼的这批图书让王富晋获利五万余元。民国二十四年（1935年），王富晋在西琉璃厂宏道堂旧址新筑一楼，并将店肆迁至该处经营。新筑之店肆颇为气派，书肆匾额为书法家张伯英所题写。王富晋长于古书经营，除了销售善本古书外，还经营各地的地方志、罗振玉的金石考据之书和上海出版的珂罗版新印古籍、字帖、书画等图书，获利极为丰厚，在上海三马路还开有分号。曾刊印《说契》《殷契钩沉》《说文古籀补》《新定九宫大成南北宫词谱》《测海楼旧本书目》等书。富晋书社在琉璃厂成为颇有实力的著名书肆。1958 年公私合营后并入中国书店。

朴学斋：南新华街路东，民国年间开业，店主为河北冀县人周庆福，其在南新华街经营数年后，又迁至琉璃厂西门澄云阁继续经营，三年后歇业。

青藜阁：南新华街路西，1951 年开业，店主为河北冀县人张庆隆。张庆隆原在松筠阁当伙计，曾收购许多善本古书，民国二十六年（1937 年）在宣内文苑斋（后为中国书店宣内门市部，现已拆除）收到明晚期刻本《彩笔情词》，以二百元的价格卖给原北平图书馆。民国三十三年（1944 年），张庆隆和文奎堂、文禄堂合伙，花五十万元收购天津张氏家藏古书，运回北京后以封货的形式销售给琉璃厂各书肆，其中有开化纸的《二十四史》《十三经》，原刊本的《飞鸿堂印谱》等，每部书均配有樟木书箱，极为考究。该店 1958 年公私合营后并入中国书店。

益文堂：西琉璃厂路南，光绪年间河北冀县人魏声斋所开。魏氏曾与萃文堂、文琳堂到河南收购古旧书，为藏书者所器重。缪荃孙曾在该店购得《书画史》《会要》等钞本以及元刊本《礼记集说》。该店经营十余年后歇业，店铺倒给古雅斋。

龙文阁：光绪年间开业，店主为河北冀县人傅鸣谦，一般经营新书，光绪三十年（1904 年）改由其次子傅金魁、三子傅金泉继续经营三十余年，后将店铺转手给自强书局。

西山堂：位于西琉璃厂，同治、光绪年间李氏所开。

会经堂：位于西琉璃厂，光绪年间开业，店主为河北冀县人程永江。光绪年后期转手给张秀俊，民国三年（1914 年）倒手给刘建卿、陈殿维经营，前后经营三十余年后歇业。

文贵堂：位于西琉璃厂路南，光绪年间河北冀县人魏显泰所开。该店经营古书颇为出名，多服务于前清显贵和王公大臣，店铺也颇为讲究，悬有“文兼两汉三唐盛，贵比黄金白璧多”门联。曾刊行《御批历代通鉴辑览》等书，前后经营二十余年才歇业。店铺转卖给浣花书局和墨妙斋法帖铺。

宝林堂书铺：位于琉璃厂桥西路南，道光年间开业，其店铺门联曰：“宝气腾辉瞻典籍，林花启秀灿文章。”被人们视为琉璃厂颇具风格的书肆门联。

宝林堂：位于西琉璃厂，同治年间开业，店名与道光年间所开“宝林堂”一致，店主为河北冀县人魏清祥，经营十余年后歇业，店铺转手给奎文堂。

奎文堂：位于西琉璃厂宝林堂旧址，光绪年间河北冀县人魏清彬所开，宣统元年（1909 年）魏氏聘请族人魏捷百经理，未几便歇业，店铺转卖给式古斋。

函雅堂：位于西琉璃厂，民国三十年（1941 年）开业，店主为河北衡水人阎新光。

开通书社：位于西琉璃厂，光绪三十三年（1907 年）开业，店主为河北枣强人鹿氏。但仅仅经营两年后，宣统元年（1909 年）转手给孟庆德，民国三十二年（1943 年）又转手卖给郭纪森。郭纪森民国二十八年至三十二年（1939—1943 年）曾受聘经理勤有堂业务，民国三十二年（1943 年）自己开设开通书社，主要经营大部头古书和考古类图书，与北京大学等院校的学者交往颇为亲密，像洪煨莲、侯仁之等先生都与之有着极为密切的联系。1958 年公私合营时，开通书社合并进中国书店，郭纪森曾任过副经理，晚年被聘为中国书店顾问。

宝森堂：位于西琉璃厂，咸丰年间开业，店主原为江西人徐氏，光绪年间转给河北衡水人李雨亭。李雨亭在琉璃厂古书业颇有声望，与徐苍厓齐名。李雨亭尤其是对宋元版古书鉴定尤为擅长，曾得姚文僖、王文简、李芝龄藏书。该店店招“宝森堂书铺”由清内阁侍读、光禄大夫潘祖荫题写，店肆前后经营三十余年歇业，店铺转给慎记书庄。

慎记书庄：光绪三十三年（1907 年）在宝森堂旧址开业，店主为河北衡水人张慎田，以卖新书为主，经营数年后歇业，店铺倒给九经堂。

九经堂：九经堂店主为河北冀县人邢东璧，原来在琉璃厂小沙土园胡同内开书店，宣统三年（1911 年）从慎记书庄张慎田手中买下西琉璃厂路南宝森堂的店铺，重新开业，经营古旧书，民国年间将店铺转卖给孟繁荣。

九经堂新记：为河北新城县人孟繁荣所开，因其是从原九经堂店主邢东璧手中买得店铺，并在原址经营，故特意给自己的书店加上“新记”二字以示区别。孟繁荣经营二十余年后歇业。

宝珍斋：西琉璃厂路南，同治、光绪年间吴氏所开。其店肆招牌为光绪朝工部尚书贺寿慈所书。

宝经堂：西琉璃厂路南，光绪年间开业，店主为河北冀县人程永年。该店经营十余年后歇业，店铺倒给文鉴斋裱画铺。

同雅堂：西琉璃厂西门路南，同治年间开业，店主乔氏。光绪年间转手给河北冀州人张林怀。张氏早年住在文昌馆内，在行内窜行，在古书版本鉴别方面颇有能力，后开同雅堂。经营若干年后又迁至南柳巷，经营三十余年后歇业，店铺转售给鉴古堂。

同好堂：琉璃厂西门外，光绪六年（1880 年）河北冀县人阎文炳所开。民国七年（1918 年），店肆由其次子接替经营，颇有成效，曾购买文焕堂店铺做库房，足见其经营实力。民国十七年（1928 年）转手给郑冠卿经营，民国三十四年（1945 年）歇业，前后经营六十多年。

宏道堂：西琉璃厂，光绪年间开业，店主为河北冀县人程存立。宏道堂的店招是由光绪年间进士、翰林院庶吉士、清代著名书法家戴彬元题写。宣统年间其聘请同族人程锁成经理店铺生意，民国十年（1921 年）改由邢继有经理。先后经营四十余年，民国后期将店铺转卖给富晋书社。

三友书社：西琉璃厂南万源夹道内，民国二十年（1931 年）开业，店为河北束鹿人韩荣华、张礼庭合伙开办，未几歇业。

天都阁：西琉璃厂南万源夹道内，民国二十七年（1938 年）

开业，为孙桂浩、张振泽、赵清森三人合伙经营。

恒古堂：西琉璃厂南万源夹道路东，店主为河北深县人于玉起，民国年间开业，到民国三十年（1941 年）倒手给李润华经营。

懿古书店：位于琉璃厂万源夹道内，日伪统治时期开业，店主为河北武邑人张俊义。张俊义原在群玉斋当伙计，后自己出来单干。曾收到明代胡正言刊刻的《十竹斋画谱》，其书口下有“翠琅玕馆”四个字，该书后以五百元的价格卖给了日伪满铁图书馆。此外，他还曾经收购到翁同龢藏书《宋史记》，以三百元卖给中央民族学院图书馆。1958 年公私合营后并入中国书店。

多文阁：位于琉璃厂万源夹道内，1937 年开业，店主为河北冀县人魏广洲，主要经营古书，1958 年公私合营后并入中国

万源夹道

书店。

20世纪60年代来薰阁书店店面（首图供稿）

20世纪60年代来薰阁书店

来薰阁：西琉璃厂路南，为陈氏开办于清咸丰年间，最初为古琴店，收售古琴和古琴谱等,故原店铺中有“琴书处”的匾额。后其店铺匾额为近代著名的诗人、书法家、学者成多禄题写。清光绪年间，陈家将店面租与他人经营。民国元年(1912年)，陈连彬（字质卿）将店铺收回专营古书，由自己经营。20世纪20年代中期，由于陈连彬年事已高，无力再支撑下去，便邀请其侄陈杭（字济川）帮忙经营来薰阁。陈济川原师从北京隆福寺的文奎堂老板王云瑞，学习古书业务。陈济川接手来薰阁的经营后，将文奎堂的经营传统带到来薰阁，同时也带来一些过去结识的老顾客。短短的几年，来薰阁从一开间的店铺变为两开间的大店，伙计也从六七个发展到二十多人。这些学徒和伙计中，后来成为在版本上出众的行家里手者甚多，如韩砚农、段静庵、马健斋、魏丽生、韩景秀等。陈济川本人在古书上造诣甚高，后人称其:“对版本学甚精，业务经验亦广……凡稀见之书，某年售价若干元，归何处，随口说出，无稍差。”来薰阁曾收到大量的珍善本古籍。民国二十七年（1938 年），从天津李某家中购到古书两大卡车，其中宋版图书数种。曾以 1800 元收得宋刊本《欧阳行周集》，又名《欧阳文集》。日伪统治时期，曾收购到上海孙毓修藏书一批，后又购得浙江嘉兴沈氏藏书一批，其中不乏善本。20 世纪 40 年代，曾经在民间购得明万历年间刊刻的百回本《水浒传》，极为罕见。中华人民共和国成立后，来薰阁与裴英阁合伙购到一部明弘治十一年（1498 年）北京岳家书坊刊印的《新刊大字魁本全像参增奇妙注释西厢记》。此书一般书目未见著录，可谓海内孤本。来薰阁不仅在古书的收购和流通上颇具成就，还积极刊行典籍，丰富其经营品种。如清代胡敬所撰的《胡氏书画三种》《南薰殿图像考》《国朝院画录》《古文声系》《永乐大典戏文三种》等百余种图书。北京古旧书业社会主义改造中，济川先生以北京私营古旧书店主要代表的身份，积极参加公私合营的改造工作。1958 年，来薰阁在完成公私合营改造后并入中国书店，并作为北京著名老字号，为古旧书事业继续发挥着突出的作用和影响。陈济川作为京城私营古旧书业代表人物出任国营中国书店副经理。

维古山房：西琉璃厂路北，清末民初开业，店主崔氏。民国三年（1914 年）改由河北衡水人崔景诗经营。

书业公司：西琉璃厂路北，维古山房之西，光绪三十二年（1906 年）开业，店主为河北衡水人刘学江和祁书山。清宣统二年（1910 年）买了位于琉璃厂东门外路南的肄雅堂分号蔚文堂，将其书店迁于此处。

龙威阁：位于琉璃厂，咸丰年间开业，店主为江西李氏。其店铺匾额由曾国藩题写，同治四年（1865 年）曾刊行巾箱本《北徼汇编》，经营四十余年停业。

文蔚堂：位于琉璃厂，光绪年间开业，曾是荣禄堂的分号。经营者为束鹿县人丁福毓。

文雅堂：西琉璃厂路南，宣统二年（1910 年）开业，店主为河北冀县人郭长林。郭长林从光绪三十二年（1906 年）开始，为其舅舅张庆霞打理宏京堂生意，三年后自己单独开店经营。之初在琉璃厂小西南园北口，后又迁到南新华街，前后经营三十余年歇业。

萃文斋：琉璃厂小西南园路东，民国三十五年（1946 年）开业，店主为河北束鹿人雒竹筠。雒竹筠民国十七年至三十五年（1928—1946 年）在沈阳经理萃文斋，日伪投降以后回到北京，民国三十五年（1946 年）开始在琉璃厂开设萃文斋，销售一般零本古旧书，其中以高丽本居多。1958 年萃文斋公私合营后并入中国书店。

王志鹏书店：民国三十三年（1944 年）开业。王志鹏早年在邃雅斋学徒，出徒后留在邃雅斋做买卖，后自己单独出来开店。1952 年作为国营的古旧书店——中国书店成立，王志鹏将自己经营的书肆转让卖掉后，考入中国书店，成为中国书店第一批考录招募的国营企业职工，这在琉璃厂诸多开店肆之人中，王氏可谓是颇有些“远见”。王志鹏长于古书装订修补，每逢看到未见过的古书，均一一记录，自己号称给古书“录了像”，晚年被中国书店聘为顾问，长期在中国书店出版社负责木版刷印工作。

同古堂：西琉璃厂路南，清末民初开业，店主张氏。该店原为经营墨盒的店铺，同时也兼营古旧书，先后从山东曲阜孔家和潍坊郭家购到部分古书、旧版精钞本，曾引得文人学士频频光顾，留有记录的有宋本《白话八经》。

修本堂：西琉璃厂路北，光绪三十二年（1906 年）开业，店主为河北冀县人岳修身，经营古旧书十几年后歇业。

鸿宝阁：西琉璃厂路南，光绪年间开业，店主为河北冀县人刘氏。光绪三十年（1904 年）转由崔连山经理，民国年间改由崔连山之子经营，前后经营三十余年。

文英阁：西琉璃厂路北，民国五年（1916 年）开业，店主为束鹿县人丁和城，前后经营二十余年。

述古堂：西琉璃厂路南，光绪年间开业，店主原为新河县人乔氏，宣统年间由乔度才经理。民国三年（1914 年），由河北深县人于魁祥将店铺买下经营。于魁祥在古书经营上造诣颇高，也很会做古旧书生意，店肆经营很是红火。他曾到各地收购古书，先后在山东等地购得《宋本八经》、宋版《唐十家小集》等善本古籍，但经营不到十年便因病而故。

瀛文斋：位于西琉璃厂，民国七年（1918 年）开业，店主为衡水人孙文洲，其店铺匾额由姚茫父题写。孙氏不仅在古书版本上有很高的水平，在中医药方面也颇有独到之处。

玉生堂：西琉璃厂路北，同治年间开业，店主为江西王氏，光绪年间店铺倒手给河北冀县人辛立章，民国元年（1912 年）

又倒手给谢氏，未几，再次易主给胡金声，又转给来薰阁掌柜陈连彬。

文焕堂：西琉璃厂路南，光绪初年开业，原店主为乔氏，开业经营几年后店铺转给肆雅堂掌柜丁梦松，后又转手给宝坻人赵文元经营，民国年间歇业，店铺卖给同好堂做库房。

郁文斋：位于西琉璃厂，民国十八年（1929 年）开业，店主为河北武邑人薛云亭，民国二十一年（1932 年）迁至厂甸东李家大院经营，未几歇业。

宏京堂：位于西琉璃厂路南，光绪初年开业，宏京堂店肆匾额由黄绍萁题写。店主为河北冀县人张庆霞，以经营古书为主，曾到江苏扬州及山东等地收购古书。光绪三十二年（1906 年），该店铺由张庆霞外甥郭长林经营，后店铺转卖给保古斋。

保古斋：位于西琉璃厂路南宏京堂旧址，宣统二年（1910 年）开业，店主为河北冀县人殷嘉森，以经营古书为主，曾到山东、河南、山西等地收购图书。人们常说宋版书一般都是南宋时期刊刻的，而该店曾收售北宋刻本《北山录》，颇为珍贵。保古斋的店肆匾额由清末南书房翰林朱益藩题写。民国年间由姚景禛经理业务，前后经营三十余年，后转卖给藻玉堂。

藻玉堂：民国六年（1917 年）开业，原在翰茂斋刻碑铺之西，店主为河北深县人王雨。20 世纪 30 年代，王雨买下保古斋店铺，迁至该处经营。其店招“藻玉堂书店”为梁启超题写。王雨在古书版本方面有较高的造诣，深得文人雅士欣赏，在经营中收售过大量的善本、精钞本古籍图书。他结合自己的实际经验，撰写过

《古书版本图书源流》，后来曾作为中国书店进行职业培训的教材，在 20 世纪 60 年代的全国古旧书店培训班上使用。他在天津劝业场曾开有分号，1956 年曾收购到藏书家刘驹贤大部藏书，较为突出的有何义门手校本《文苑英华》、元刊本《韵府群玉》、绛云楼旧藏《国史经籍志》等。1958 年公私合营后，藻玉堂并入中国书店，王雨曾任中国书店的门市部主任。

敬业堂：西琉璃厂路北，同治年间开业，店主康氏。光绪年间倒手给河北冀县人师奎兆，民国三年（1914 年）又转手给丁恒昌经营十余年，后由其子继续经营。

怀文堂：西琉璃厂万源夹道，民国年间开业，店主为河北深县人许焕禄。

澄云阁：位于琉璃厂，民国元年（1912 年）开业，店主为河北衡水人杜辛鹏。该店原为澄云阁法帖铺，杜辛鹏经营后改为古旧书，其在版本上颇有能力，但是仅仅经营四年而早亡，店也歇业。后朴学斋掌柜周庆福曾在此经营三年。绍兴周肇祥曾在他的《琉璃厂杂记》中记述自己在澄云阁购书，其曰："高丽旧刻《注解伤寒论》卷三、卷四两册，得之澄云阁，字体瘦征，皮纸精印，不下宋本。"

深柳书社：位于琉璃厂延圣庵内，清光绪十九年（1893 年）开业，店主为束鹿人邓存仁，但经营没有多久便歇业。

耀文堂：位于琉璃厂，光绪初年开业，店主为山东德平人朱光谱，后易手给河北冀州人李彦坤。清光绪二十年（1894 年），李彦坤之子承其父业继续经营到民国年间。

崇文堂书坊：位于琉璃厂中间路南，道光年间开设，门口有对联云："崇山峻岭琅环地，文薮书田翰墨林。"

中国书店：琉璃厂书肆业延续到今日，就不能不提及位于琉璃厂文化街的中国书店。中国书店成立于 1952 年，是我国第一家国有的古旧书店，也是迄今为止亚洲地区最大的古旧书店。1958 年公私合营时，中国书店兼并了北京市 111 家私营古旧书店，成为北京古旧书业的继承者和主体代表。中国书店最初成立时办公地点在东城区演乐胡同，后迁到孔庙。1960 年，在中共北京市委、市政府的支持下，中国书店总店的办公地点迁移到琉璃厂海王村公园，从此中国书店便作为琉璃厂上一家主要的文化经营单位，活跃在京城文化市场上。它始终以发掘、抢救、保护祖国文化遗

中国书店

产为宗旨，将为社会文化发展和学术研究事业提供优质服务为己任，坚持向广大民众提供健康有益的文史书刊资料的发行方针，在北京乃至全国的文化发展中发挥着重要的促进作用。数十年来，中国书店对历代祖先遗留下来的古代典籍、书刊资料进行了卓有成效的发掘和抢救，从数千年前的钟鼎铭文、石刻文字的拓片，千余年来的写本、抄本、刻本，到形象真实反映历史原貌的信札、契约、碑帖、字画以及近现代的中外书刊、图册和文献资料等一切记述人类历史活动及其发展的文字、图形载体实物，都成为中国书店搜求、抢救的对象。为此，中国书店员工的足迹遍及祖国大江南北，搜求中外古旧书刊 4460 万部（册）之多，其中珍善本古籍 4000 余部（册），列为国家级珍贵馆藏的古籍 2000 余部（册）。仅中国书店店内所藏善本古籍，就足以举办一个中国书籍

20世纪60年代中国书店（首图供稿）

发展史的展览。正是由于中国书店在古籍文献资料搜求方面的不懈努力和突出建树，而被专家学者视为积德行善、功德无量的义举,被人们誉为中国传统文化的“保护神”。中国书店“以店为媒、以书会友”，充分发挥下属十余家门店的优势，为千万读者和文史书刊架起媒介的桥梁，在满足中外读者多层次、多方面文化需求方面发挥着古旧书店特有的行业功能。出版与发行一体，是我国古代书业传统的经营特征之一。中国书店作为古旧书业的继承者，大力倡导和坚持古旧书业的传统经营内容，在古籍整理、出版以及今人研究传统文化的著述的出版活动中颇为活跃，先后整理出版各类新印古籍和研究、介绍传统文化的图书 1600 多种。

今天的中国书店拥有来薰阁、文化遗产书店、邃雅斋、松筠阁、古籍书店等十几家门店，一家中国内地第一家图书拍卖公司——北京海王村拍卖有限公司，在传统文化典籍的经营、出版以及发掘保护方面，颇受海内外文化学术界的关注。

书肆的行业文化功能及其行业作用

琉璃厂书肆的兴起和发展，始终与北京文化的发展保持着基本同步的态势，并且根据北京文化发展的变化调整自己的经营。琉璃厂书肆在文化传播和文化积累方面显示出书肆业对文化积淀和文化繁荣上所拥有的特殊的行业文化功能。与此同时，琉璃厂

中国书店所属松筠阁

书肆也相应形成自己特有的行业经营传统和经营风格，并且深深地影响着京城乃至全国各地书肆的发展特色。因此，研究琉璃厂书肆业的发展轨迹、经营规模和行业的经营特点，总结其历史演变规律，特别是研究它的行业文化功能，将系统地勾画出北京图书发行史上最为经典的历史阶段和历史内容，填补北京文化史的一个空白。以往的李文藻的《琉璃厂书肆记》、缪荃孙的《琉璃厂书肆后记》、孙殿起的《琉璃厂书肆三记》、雷梦水的《琉璃厂书肆四记》和《书林琐记》等，虽然对琉璃厂书肆的演变过程有所记录，但是缺乏深入的研究和系统的总结，更谈不上“书肆史”的概念，这与琉璃厂在北京文化发展中所起的作用和重要地位是极不相符的。另外，系统地研究琉璃厂书肆的历史全貌，对丰富北京文化史的内容也有着积极作用。毕竟琉璃厂书肆是北京历史文化中丰富的一页，琉璃厂书肆一方面受着北京文化发展的左右，另一方面也为北京文化的发展起着积极的促进作用，二者互为影响和制约，互相促进，成为有机的文化结合体。深入地探讨琉璃厂书肆的发展历史，从一个行业的视角加深对北京历史文化的认识，也是对北京文化研究的一个重要的补充和完善。应该这样说，琉璃厂书肆的兴衰历程和行业的经营传统与清代以后北京文化的沿革融为一体，甚至成为京城文化的一个窗口和缩影，凸显出这个行业的特有的文化功能。

第一，琉璃厂书肆的兴起、活跃和繁荣，从文化经营的层面充分显示出北京文化中心的特点。

北京作为辽、金、元、明、清几代都城，始终是一个政权或者是全国的文化中心，这种中心的作用不仅仅是统治者在文化政策、文化控制上产生的权威地位，还在于从文化学术思潮、文化消费时尚以及文化流行趋势上具有明显的带动和辐射作用。这种示范作用和很强的辐射能力，使得北京的文化一方面集天下之大成，博采各地的地域文化、民族文化的丰富的营养，另一方面也将汇集的文化加以深化和提炼，成为一个全新的文化体系，并以其文化的深厚和权威而带动全国各地的文化发展和变化。正是由于北京文化的这种集天下之大成又辐射于全国的文化导引作用，为琉璃厂书肆的兴起和发展提供了客观的发展环境和坚实的消费基础。

北京历史上并不是图书的出版中心，但是北京从明代起就是

古铺写书口的店员（选自《洋镜头里的老北京》北京出版社）

全国的图书消费中心。胡应麟在其《少室山房笔丛》中这样描述："今海内书，凡聚书之地有四，燕市也、金陵也、阊阖也、临安也。"与此同时，在谈到刻书中心时，他又说："凡刻书之地有三，吴也、越也、闽也。"所谓"聚书"就是图书的集散地，用今天的语言说，就是图书批发中心。其文中所说的"燕市"即北京城。到了清代，北京的这种图书消费中心的地位更为突出。雕版印刷术的广为普及，图书的刊刻主要集中的浙江、江苏、福建、四川等地，北方地区主要是山西平遥，北京的刊印图书的整体规模还是很有限的。按理说，北京不具有在图书领域的优势。但是由于文化中心的地位，图书消费群体的庞大和文化思潮的主导，使得北京书肆占据了经营上的优势。康乾盛世，京城的文化发展达到了一个新的高度，人们对图书的消费需求量也急剧增加，这直接带动了琉璃厂书肆业的集中发展和快速崛起。而清乾隆三十八年（1773 年）开“四库馆”，更让琉璃厂书肆的发展遇到了一个千载难逢的好时机。

第二，琉璃厂书肆的发展是北京文化发展的折射，它伴随着京城文化的兴衰而起伏，成为北京文化发展变化的晴雨表。

作为以谋求最大商业利润的琉璃厂书肆，它的产生和发展紧紧地围绕着京城文化在积极地应变着。它一方面满足文化消费的需求，又同时对文化的积淀和发展、学术的研究深入起着一定的促进作用，互动的效果使得琉璃厂书肆与京城文化的起伏和发展密切地融为一体。不论是从大的文化发展历程，还是具体的文化消费变化，都让琉璃厂书肆为谋求利润的丰厚而随之调整，客观上形成对文化发展的推动作用，也在文化的传承上凸现了书肆业的行业文化功能。

乾隆年间修“四库”，琉璃厂书肆迅速地崛起，迎来了第一次发展高峰。乾嘉学派风靡一时，琉璃厂书肆纷纷到各地收购音韵、训诂、考古之书，并且形成了专门经营音韵、训诂之书的书肆。同光时期的所谓“中兴”，让许多文人学士注重金石考据，各个书肆也到处网罗考证殷商文化和甲骨文的典籍，甚至将经营范围扩展到以往一般由古玩行或者法帖铺经营的拓片领域。光绪年间的洋务运动、晚清时期的变法革新以及民国初年北洋政府时期的文化重建，又让琉璃厂书肆寻找到新的发财机遇，纷纷从上海购得洋派图书、珂罗版典籍，满足一批又一批新型官员和学者的图书消费要求。像海王村内的长兴书局，干脆就是康有为出资开设的书肆，专门销售其倡导变革的著作。晚清时期随着西方印刷技术的传入和推广，洋装书开始出现，琉璃厂也随之出现以经营新书为主的书肆。北京传统的书肆业从此分化为古旧书业和新书业两大分支。当然，在琉璃厂的很多书肆，往往在实际经营中既收售古旧书刊，也销售洋装新书。琉璃厂书肆的这些变化，实际上直接反映了北京文化的时代发展和文化潮流的转换。清末民初，北京文化有过一个恢复发展的时期，由于北洋政府定都北京，相继成立一些高等学府和教育、学术研究机构以及政府管理机关，由此出现了各个机构的图书馆、专家、学者大批购书的风气。正是因此，当初为封建文化以及封建士大夫服务的琉璃厂古旧书业，非但没有因为封建王朝的覆灭而消亡，反而顺应社会文化的需求和适应时代的变革而继续发展，甚至出现了再次发展的高峰。

琉璃厂的各个古旧书肆在其具体的经营中，也往往根据文人学士的具体研究方向和研究内容，有意识地去为其搜求相关的图书，主观上是为谋求销售的拓展，客观上为学术研究发挥了积极的促进作用。像著名学者、藏书家伦明先生，曾经专门收集近代的藏书纪事诗，通学斋掌柜孙殿起便四处收购，为其网罗近代康有为、梁启超、章太炎、王国维、陈垣、姚茫父等一百多位文人藏书诗的有关资料，为伦明撰写《辛亥以来藏书纪事诗》提供了直接的帮助。北京大学著名学者邓之诚先生在日伪统治时期重点研究明末清初历史，他在数年中，从琉璃厂搜求了七百多种清代初年文人的集子，雷梦水先生就曾经为他搜求到孔东塘的《湖海集》、王鸣盛的《西沚居士集》、田茂遇的《燕台文选》、朱彝尊的《腾笑集》等。琉璃厂古书肆的这种经营传统，使得它的收售品种和经营的图书与各个时代文人学者的学术文化研究很自然地融为一体，并客观上使它的经营活动与文化学术的发展走向和动态保持同步发展。可以说，在众多的文化经营行业中，与文化学术发展密切相关，并且始终保持同步状态的，非琉璃厂古旧书业莫属。

第三，琉璃厂书肆业无论是在有清一代还是民国时期，都与文人学士形成天然的“联盟”，并造就出一批具有较高文化水平的文化商人。

北京的书肆业自古就十分注重与文人学士的交往，“以书会友”成为北京书肆的良好风尚和经营传统。琉璃厂的书肆兴起以后，由于它的经营意图和牟取利润的本能，使得书肆将它的服务对象——文人学士视为自己的“衣食父母”而百般地奉承，历代文人学士也把逛琉璃厂的书店，从历朝各代的古旧书籍及其文献资料中“淘书”视为一种高雅的文化享受，视书肆为“安身立命之所”，称书肆店员为“书友”。清前期，孙承泽、王士禛、孙星衍、朱彝尊、李渔、纪昀等人都是古旧书肆的常客。乾隆年开“四库馆”，参加编修《四库全书》的编修官们几乎每日都到琉璃厂书肆搜购书籍。清乾隆三十四年（1769 年）五月，李文藻入京候选，寓居京城五月有余，终日无事，便到琉璃厂逛书肆，许多店肆的店主、伙计都与其熟识。离京后他念念不忘琉璃厂书肆，于赴任途中撰写了《琉璃厂书肆记》，详细记述了琉璃厂古旧书肆的情况，成为后人研究北京古旧书业的重要史料。近代著名学者翁同龢、潘祖荫、李文田、王懿荣等常以书肆为聚会场所，看书赏画、吸烟品茶、闲聊杂谈，成为一种风气。高兴之余，便为书肆题诗写匾，很多古旧书店的牌匾都是名人学士所题。北京书肆的这种传统一直影响到 20 世纪的北京古旧书业。鲁迅先生寓居北京十四年中，也与古旧书肆结下不解之缘，从他的日记中统计，在琉璃厂访书购物达 480 次之多，先后购买 3800 多册（部）图书、碑帖，当时的来薰阁、通学斋、有正书局、直隶书局、商务印书馆、神州国光社等都留下了鲁迅先生的足迹。

琉璃厂书肆业的经营项目和业务范围与文化发展密切相关，这些店铺的店主或伙计终日接触古旧书刊，又常年与文人学者交往，耳濡目染，深受熏陶，日积月累，对历朝各代的古旧书刊版本、源流、内容、作者以及学术思想等方面的知识日趋熟识并逐步提高，渐渐地造就出一批具有较高水平和高超的专业技能的“专家式”文化商人。他们或是古旧书刊的版本专家，或为目录学的内行，或具有高超的古书装订修补技能，成为古旧书业的权威和骨干。乾隆年间，琉璃厂鉴古堂的店主老韦，20 世纪古书业中文禄堂的王晋卿、通学斋的孙殿起、来薰阁的陈济川以及当代中国书店的雷梦水、张宗序等便是其中的代表人物。这些“专家式”的文化商人，对北京的古旧书业，对北京文化的交流、传播和发展，起到推动作用，产生了积极的影响。

第四，琉璃厂书肆业，特别是延伸下来的古旧书业在特定的历史阶段中，对北京文化有着抢救、保护的行业作用，为祖国文化遗产的继承和发扬做出了其他行业无法替代的贡献。

琉璃厂书肆业的发展有它很多特殊的行业特点，尤其是在对典籍文献的保护方面，它的行业经营特征愈加突出。清晚期，封建王朝的统治愈来愈腐败，国力衰竭、民生凋敝，面对外国列强的挑衅和侵略，清统治者束手无策，处处挨打，北京也曾数次遭到外国侵略者的劫掠，饱受创伤。在这种情形下，琉璃厂书肆业以其独有的方式，以客观的保护结局对祖国传统文化典籍起到了抢救和传承的行业作用。咸丰十年（1860 年），英法联军侵占北京时，在城内大肆劫掠，许多官藏、私藏古籍遭到劫难，大量散失于民间。“咸丰庚申以后，人家旧书多散出市上……宋椠亦多”。光绪二十六年（1900 年），八国联军再侵北京，疯狂劫掠，不论宫廷、官府还是私家所藏书籍均遭劫难。以往的古书一般是靠收藏者的出让和古旧书肆四处搜求而形成相互流通，但是往往无法形成大规模图书流通的局面。而意外的战乱，却客观上让藏于大户人家的古旧书刊以特殊的方式流散出来。在这样一个社会状态下，很多专门收购流散书籍的行商小贩便走街串巷，收购古书、旧书，再到东、西晓市旧货市场出售。琉璃厂的书肆常常借此时机前往搜购，同时也派人到各地搜求，得到很多善本古籍。正如著名藏书家伦明记述的那样：“庚子之乱后，王府贵家，储书大出。余日游海王村隆福寺间，目不暇给，每暮必载书满车回寓。”琉璃厂书肆的这种对典籍文献的保护，成为一种行业的经营特点和经营传统，不仅仅是在战乱和社会灾难之中，也体现在平时的经营活动中，这种

王懿荣画像

客观的保护性行业行为也颇为显著。

即便在当代的古旧书业，也时常显示出这方面的特点。“文化大革命”中，许多学者或社会名流受到冲击和迫害，所藏书籍大都被查收，无数书刊被焚毁。作为北京古旧书业主体的中国书店，当时也因被视为封、资、修的黑店、“三家村的黑店”被迫关门。但出于特殊的缘由，中国书店所藏的全部古旧书刊均保存完好。此外，在有关方面的组织下，中国书店还派出一批具有较强业务能力的骨干力量，对北京市所查抄、上缴的古旧书刊进行

元刻本《新编校正西厢记》残页

了认真的清理和抢救。他们在特殊而艰苦的环境下，经过不懈的努力，保护和抢救了大批古旧图书，甚至从造纸厂的化浆池边抢回宋版、明版古书。前文提到的琉璃厂二希堂掌柜吴希贤先生所编撰的《历代版刻经眼录》，就是吴老先生在“文化大革命”中受委派进入军管会文物清理小组，在整理各处抄家和从废品站抢救回来的古书中，选择精良和有特点的古书版本汇编而成。琉璃厂书肆对文化的保护和抢救功能，在他们的日常经营行为中极其常见，甚至对文化学术研究有着突破性的贡献。《西厢记》曾令古今多少才子佳人为之倾倒，尽管这部让许许多多读者为之心动的文学名著也曾经遭受到封建统治者的禁毁，但传世版本仍有数十种之多。以往的研究者通常认为，《西厢记》最早的刻本为明代弘治年间刊行，并似乎成为一种公论。然而，琉璃厂中国书店的一位老店员在整理古书中，意外地从一部破损的元刊本《通志》的包皮夹页中发现了两张《新编校正西厢记》残页。经过反复研究和鉴定，确定这两张残页为元代《西厢记》刻本的残页。如此令人瞠目的两张薄薄的残页，将《西厢记》刊刻成书的时间上推了一百多年，这对中国古代戏曲史乃至古代文学史的研究有着重要的贡献。2004 年 1 月，中国书店在承办赴法国巴黎的“中法文化年”的“中国典籍文化展”时，还特意将这两张残页复制后展出，引得许多人的关注。也正是由于琉璃厂书肆业这样的一种行业保护特点，让人们对古旧书业另眼相待，甚至很多学者称其为“功德无量的典籍保护神”。

琉璃厂书肆的经营特点及其经营传统

琉璃厂书肆在其长期的发展过程中，虽然经历了不同时代的磨砺，但在其经营中，逐渐地积累和探索，形成了琉璃厂古旧书业特有的行业特点和经营风格。

琉璃厂的书肆一般地来说经营面积小，经营人员较少。古旧书肆往往是两三间小小的门脸，像清末的宝名斋有九间门脸，已经是琉璃厂很大的书肆了。而绝大多数的书肆营业面积较小，甚至有的是连家铺子，又称为“内居”或“内局”。每个店铺的经营人员也并不多，往往三五个人已经算是多的了。以 1956 年公私合营前夕这一时段的琉璃厂古书肆状况为例，1956 年在琉璃厂地区参加合营的古书肆为 33 家，其中为独立店铺的 12 家，连家铺子为 21 家；在这些店肆中，连掌柜和伙计超过 2 人的仅仅有 4 家，即来薰阁 8 人、富晋书社 7 人、邃雅斋 6 人、开通书社 4 人，其余的都是一个人或两个人。实际上，不仅仅是琉璃厂古书业，就全北京市的古旧书业的发展情况看，都有这一特点。1954 年，对全北京市古旧书业进行登记时，全市有私营古旧书店 125 家，从业人员 238 人，平均每户为 1.9 人。1958 年完成北京古旧书业改造时，对全北京市 111 家古旧书店进行登记，当时整个北京私营古旧书业有 2 人以上雇工的店铺仅为 15 家，占全行业总数的 13.5%；有 1 名雇工的 8 家，占全行业的 7%；无雇工的店肆 54 家，另有 34 家摊商。由此可以看出，历史上的北京古旧书业历来就是经营面积小，经营人员少，并没有很大规模的古旧书肆。琉璃厂没有，在北京其他地区，像隆福寺、东安商场、西单商场等的古旧书店更没有。

琉璃厂古旧书业的经营一般都较为灵活，销售方式有门店销售、上门服务和对外邮购三种。从经营品种上看，每一个店肆都保持其经营品种的相对稳定，具有较为明确的经营特色和经营的针对性。像来薰阁、邃雅斋这样的大店肆，以经营宋元版善本为主要特色；像松筠阁，以经营过期期刊为经营特点，店主刘殿文被人们称为“杂志大王”。琉璃厂的古旧书肆的店主或掌柜一般在古旧书经营上具有较高的专业实力和版本鉴别能力，有一定的专业权威，甚至在古书版本目录学方面具有很高的专业造诣。20世纪四五十年代，琉璃厂的来薰阁掌柜陈济川、富晋书社的王富晋、邃雅斋的董会卿、松筠阁的刘殿文、通学斋的孙殿起、开通书社的郭纪森就是其中较为突出的代表人物。这些经营者不仅仅在古旧书的经营上具有很突出的能力，还时常在版本目录学方面有相应的专著，孙殿起著有《丛书目录拾遗》《贩书偶记》《贩书偶记续编》《琉璃厂小志》等著作，王晋卿著有《明版书录》《文禄堂访书记》。这些店肆的经营者在文人学士中享有很高的声誉，在文化学术的发展过程中也做出了积极的贡献。

琉璃厂古旧书业在经营中，将文人学士视为自己的衣食父母，一方面竭尽全力地了解文人学者的文化需求和研究内容，另一方面也想方设法地为他们提供服务；学者们需要什么样的书，他们就四处网罗，想尽办法去搜寻。琉璃厂各个古旧书肆的店员，对所交往的文人学者颇为留心，哪位学者是研究什么的，主要的研究方向甚至一个阶段的研究课题是什么都了解得一清二楚，一旦有相适应的典籍文献，便主动留下来，还经常送上门供学者参考挑选。琉璃厂古旧书业有个通常的说法，叫“夹包袱皮”，就是古旧书肆的经营者用包袱皮包裹着古旧书到文人学士家中送书，有的就是以此为经营，没有固定的门店。就是较大的门店，也保留着这种经营作风。通学斋的雷梦水就是在上门送书的过程中与朱自清、邓之诚等许多学者相结识的。他在自己的回忆录《朱自清先生买书记》一文中写道：“1946 年，我在琉璃厂通学斋书店工作……那时书店经常向各大学求售书籍，我每周都要到清华大学、燕京大学去送几次书。有一次我夹着书来到清华大学国文系，碰见一位身材不高、目光炯炯的中年人，他微笑着对我说：‘你送书来了？’接着他翻看起我送去的那些书……事后我知道他就是清华大学国文系主任，著名学者朱自清先生。我因为经常到国文系送书，和朱先生就渐渐地熟悉起来了。”雷梦水因时常送书上门，殷勤服务，与朱自清先生结下了深厚的友情，1948 年 8 月，朱自清先生去世前还写信给雷梦水托付他找书，留下了一段感人的佳话。在琉璃厂，几乎所有的书肆都有这样的经历，而且这种经营风格一直持续到当代。记得原开通书社的“业务员”马春槐就一直坚持送书上门，保持为读者找书的优良传统。20 世纪 80 年代，他在中国书店读者服务部工作，时常见到他不辞辛苦，骑着自行车从琉璃厂到清华大学、北京大学送书上门，也主动四处为学者搜求图书。笔者当时已在出版社工作，时常遇到马春槐先生举着一张二指宽的纸条到我的办公室询问何书什么时候出版、何书现在是不是还有，凡有其所要图书，就一定设法为读者补上，甚至有一次因为中国书店出版的一种图书告罄，他竟然从我的书架上将样书软磨硬泡地取走。我因编辑出版工作常与京城各个大学的先生们交往，这些年，时常可以听到有老先生问："你们中国书店的小马怎么样了？"他们问的就是那位不辞辛苦的老店员马春槐。当时很多中国书店的年轻人对马春槐的举动不甚理解，实际上马春槐先生这种殷勤周到、不辞辛苦地送书上门是琉璃厂众多书肆长期保留下来的经营特色，是琉璃厂古旧书业经营的优良品质之一。以往人们在回顾琉璃厂古旧书业的经营时，往往比较关注那些在古旧书业已经颇有名气的版本专家，而对这样的一个普普通通的店员容易忽视。但这样的平平常常的举动，恰恰是琉璃厂古旧书业的经营魅力，在历代文人学者中留下了美好的回忆。

琉璃厂的古旧书肆对到访的文人学者都十分留心他们的研究方向和研究内容，哪位学者喜欢什么、哪位学者收集什么样的文献资料和图书，哪位学者在买书上有什么样的特点甚至嗜好，琉璃厂的老店员都能一一道来，如数家珍。记得北京社科院满学研究所原所长阎崇年先生有一次在与笔者聊天时说过："你们琉璃厂的老先生为读者服务是非常周到的，他们也了解学者们的研究方向和工作内容，你们老琉璃厂的 × 公我第一次和他交往，第二次他就记住了我是做什么的，第三次我再和他交往，他已经把我喜欢的书和要找的书为我留了下来。可是他的少公子也在你们中国书店，我恨不能去了‘八百次’他都对我一无所知，每次还要我给他‘请安’，问候他的父亲。”阎先生的话是对中国书店工作的爱护和提醒，但更是对琉璃厂古旧书肆那种殷勤周到服务的一种眷顾。笔者年轻时常为寻找不到合适的作者而苦闷时，这些琉璃厂的老先生往往能为我提供大量的学者研究内容的信息，甚至直接为我提供方便，给学者们打电话、写条子，帮助联系。笔者在琉璃厂工作二十年，这种“后门”没少走过。这从一个侧面反映出琉璃厂古旧书肆与文人学者的那种亲密关系，体现了琉璃厂书肆“以店为媒、以文会友”的优良经营传统。

琉璃厂的书肆里，无论掌柜还是伙计，在接待读者时总是保持着一种彬彬有礼、和颜悦色的面貌。从学徒开始，琉璃厂古旧书店就很注意对店员语言和接待客人态度和方式等方面的要求和培养。比如，说话必先称“您”，身体也同时微微前倾，一副谦和、殷勤的样子。因此，琉璃厂古旧书业的店员在其长期的职业生涯中，习惯性地形成了一些待人接物的语言习惯和说话语气。记得过去和琉璃厂古旧书业的老先生交往，像雷梦水先生、郭纪森先生等，他们说话总是颇为谦和，细语慢声，娓娓道来。20 世纪 80 年代，中国书店每年两次在海王村举办古旧书市，时任总经理的郑宝瑞先生时常站在门口，微笑着和一些来光顾古旧书市的熟人或学者打着招呼，互致问候。当时一些学者就曾经评价：“郑先生很有琉璃厂古旧书业的传统风尚。”这从一个侧面显示出琉璃厂古旧书肆在文人学士心目中的地位和经营的风格。

琉璃厂古旧书肆很注重对店铺中学徒和伙计的业务熏陶和培养。尽管那时不可能有系统的职业教育，但是学徒或伙计在掌柜、师兄和读者的交往接触中，都颇为注意在一边听着、学着、效仿着。书肆的学徒要首先背张之洞的《书目答问》，对历朝各代的古书要记其版本的特征，某书一部多少册、多少函，每页几行、每行多少字，各个不同时期、不同地域刊刻的图书版面、行款有何特征，每种图书作者何人以及版本的源流等，要熟记于心。

古旧书肆在经营中，一般采用门店售书、上门送书和外埠邮购等形式。此外，琉璃厂古旧书业还有“串行”和“封货”的经营形式。所谓“串行”就是一些小本经营的书摊或书贩，或从藏书者个人手中搜求到古旧书，或从西晓市打鼓摊上购买的古书，再到琉璃厂其他古书肆转手买卖，称为“串行”。这是当时琉璃厂的一种很重要的古书来源渠道，很多古书就是用这种方式进入琉璃厂书肆的。当然，也有琉璃厂书肆之间“串行”的经营形式。民国二年（1913年）孙殿起在鸿宝阁书铺任司账时，鸿宝阁掌柜崔蔚元以四块大洋购得明代刊本《盛明杂剧》初集一部，其加价一倍，准备以八元钱出售。孙殿起看后觉得索价太低，于是和崔蔚元商议以“串行”的形式在琉璃厂书肆中加价数倍求售。他带着这部图书，开始到文友堂魏殿臣处，索价五十块大洋未果，后又转到韩逢源的文德堂，韩氏以四十元大洋成交。后韩逢源以一百块大洋的价格将书卖给了姚茫父收藏。这就是古旧书业所说的“串行”。古旧书业中，遇见大批量的古旧书要在同行中求售，还有一种销售形式——“封货”。某一书肆有大宗古旧书在同业求售，欲卖得一个好价，将货集中陈列，按约定时间同行诸家共同看货后，将各自看货的价钱书写在条上，写明所要货的书名、所出价格，交货主封入封货箱内。各家书肆将求购价格全部写明交出后，当众开箱，出价高者可以购到。如果同一种古书两家所出的价格一样，一般作为两家同时购入，即所谓的“伙货”，书卖出以后，利润平分。若一家愿意放弃或者以一定的价钱转手给“伙货”的对方，皆由购货双方自己选定。

正是由于琉璃厂古旧书肆在经营上与文化的发展走向和文人学士的文化需求紧密地结合起来，使得它的发展和变化始终与京城文化的发展息息相关，甚至它本身的发展和变化就是北京文化的组成部分和文化时尚的直接反映。

当然，书肆毕竟是以图书典籍的经营为牟利的手段。过去人们常喜欢说：“客大欺店、店大欺客。”琉璃厂的一些大书肆也同样有着旧时商贾的流弊，也时常有店大欺客的时候，演绎出一出出荒唐的闹剧。同治年间某一天，供职于五城都堂的一官员乘车路过东琉璃厂路北的宝文斋，不慎将店肆的店招碰了下来，店里的伙计立即不依不饶，非要这位官员亲自给捡起来挂上，官员的随从要帮忙，店里的伙计坚持必须官员本人动手。无可奈何，该官员只得下车来自己动手挂上。宝文斋的伙计可能有年轻气盛的一面，但是在当时为官之人的相貌无论如何应当是看得出来的，一个书肆的伙计竟然有如此之举，足见当时宝文斋经常接触的也都是达官显贵。否则，一个店肆的伙计也不敢如此。当然，事情发生时宝文斋掌柜徐苍厓不在店中，回来后听说此事，感到事情有些不好收拾，毕竟那个官员是一个京城地方官。于是，徐苍厓第二天将该官员的老师请到店中小饮欢聚。当头日被羞辱之官员带着差人前来问罪封门时，见自己的师长及诸多同僚在宝文斋中欢聚，不好发作，只得愤愤离去。琉璃厂店大欺客由此可见一斑。除此之外，抽页作伪的，将一套整书拆开分别卖高价的，凡此种种，也有不少。这就是一个真实的古旧书业，一个既对北京文化发展有着积极促进作用的琉璃厂书肆业，又同时常常被文人学士在笔记杂文中斥责为“书贾”的琉璃厂书肆业。

古玩行

“古玩”是人们对历朝各代文化遗存物的一种民众的通俗的提法，与之相接近和相通的称呼还有“古董”“骨董”“文物”等词。尽管人们对这几个词的解释不尽相同，但是它们的基本含义是一致的：都是我国古代社会不同时期的历史遗留物品，并且体现了一个时代的历史特征和当时的文化审美特质，是真实地再现历史文化的直接物品……

古玩行的经营与琉璃厂的繁荣

相对“古玩”而言，“文物”一词包含的范畴很广泛，除了以往所说的古董等，还包括历史遗存的古代建筑、生活生产用具等。相比之下，以往所使用的“骨董”一词与琉璃厂古玩行所经营的范围更为接近。“骨董”：杂项类的聚合者，最早见于唐开元年间张萱所著《疑耀》一书：“骨董二字乃方言，初无定字。”后人们将这二字赋予更深的内容，正如董其昌在其《骨董十三说》中所述：“杂古器物不类者为类，名‘骨董’。故以食品杂烹之，曰‘骨董羹’；杂埋饭中蒸之，曰‘骨董饭’。”江浙地区所喜好做的“骨董饭”，就是将各种食物混杂在一起烹烧，肉烂而骨存。今天我们所常用的“骨董”一词也就由此而来。记得当年中国书店重新排印出版邓之诚先生的《骨董琐记》时，曾有编辑提出将“骨董”二字改为“古董”，时任北京市社科院历史所

民国时期景泰蓝生产作坊（首图供稿）

民国时期京城漆器作坊（首图供稿）

研究人员的邓之诚之公子邓珂先生极力反对，坚持依旧用“骨董”，其缘由也在于“骨董”更体现邓之诚先生作品内容的真实。

清代以前，人们在记述历代文化遗留的文物时，一般使用“骨董”或“古董”，清代以后，通常称其为“古玩”，即古代文玩之代称。琉璃厂经营历代骨董的店铺也被称之为古玩店。20 世纪 50 年代，在特定的历史和政治环境中，有人以《书经》“玩人丧德，玩物丧志”之说为理由，建议将“古玩”改为“文物”。因此，琉璃厂的古玩业便通称为文物行业，古玩店改为“文物店”。实际上，“文物”一词的范畴与“骨董”“古玩”的涵盖范围还是有明显区别的。文物有地上文物、地下文物，既包括历朝各代的传

制作玉石工艺品（首图供稿）

承文物，也包括古代的建筑和标志性的历史装饰品，甚至包括在重大历史活动中所有有说明意义和记载特征的其他物品，二者之间是有范围大小之别的。而骨董、古玩则一般地来说基本上指的是历史上古人遗留的器物，并可以为文人雅士所珍藏和品鉴的文物。古玩一般分为金石、陶瓷、字画和杂项等四大类别，具体包括：瓷器、铜器、景泰蓝、古钱、青铜器、字画、碑帖、拓片、印章、玉器、造像、漆器、丝绣、料器、珐琅、骨雕、木器、竹器、古砖瓦、金银首饰、宝石以及文房四宝等。但实际上，一般意义上所说的琉璃厂古玩业包括两大部分，一是所谓的“硬片”，一是所谓的“软片”，“软片”就是指书画和碑帖。

收藏历代古董及珍稀文物，在中国古代早有此传统。我国历史早期，每当一个政权替代另一个政权的时候，十分重视对前朝重器的占有，也许这就是文物收藏的起源。北宋中期，伴随着文人对三代青铜器的垂青和对石刻的关注，金石之学兴起。古玩的收藏开始在文人雅士中逐渐兴起。明代中后期，商品经济更为发达，城市里有出售古玩的古董店、集市，还有流动的商贩。作为都城的北京，也开始出现一些经营珠宝首饰的店肆，其中相当一部分是经营古代珠宝的店铺。这些经营珠宝、古玩店铺的出现，为一般民众收藏古玩提供了一个相对便捷的流通和交换渠道。明末收藏家高濂在其《燕闲清赏笺·论古玉器》一书中记载："近日，吴中工巧，模拟汉宋螭玦钩环，用苍黄、杂色、边皮、葱玉或带淡墨色玉，如式琢成，伪乱古制，每得高值。"个别古玩商不惜以假乱真，谋求高额利润，足见当时的古玩经营已经有了一定的规模，经营骨董也颇有丰厚之利润，所以才会有如此制假者。这从一个侧面反映出古玩行在明代发展的状态。清代以后，收藏之风愈烈，上至帝王、皇亲国戚，下至闲赋文人雅士、市井民众，不管是嗜好古玩收藏还是附庸风雅，均以家藏文玩、古董而炫耀于人。特别是乾嘉以来的考据之风，带动着人们对三代重器以及金石考据的关注，这无疑极大地刺激了琉璃厂古玩业的兴起和发展。

以经营古玩为业的古董店何时兴起，史书上没有明确的记载。但就一般情况来说，有了对骨董收藏的客观需求，自然就要有相应的流通方式来满足这样的文化需求，古玩业也就随之形成。在明代的文献中就可以找到经营古玩的店铺的记述。琉璃厂的古玩店起于何时，同样也没有一个很明确的记述。这就使得人们在记述琉璃厂古玩业的起源和发展的历史上，出现了分歧和争议。而且不仅仅是从琉璃厂古玩业起源的时间上有不同的看法，在其来源上也有一定的分歧。

谈到琉璃厂古玩业的兴起，人们一般认为琉璃厂古玩店开始于清乾隆年间，而有明确记载的最早的琉璃厂古玩店是道光年开设的博古斋。前文已经谈到，琉璃厂文化街的兴起和发展是北京文化发展到一定程度的必然结果，也是为了满足文人学士的文化需要的客观实效。文人学者需要有为他们提供历代典籍和文献的书肆，也需要为他们提供收售历代珍奇文玩的古董店。在研究或者介绍琉璃厂的文章中，多数人认为琉璃厂文化街的形成是先有书肆的聚合与兴起，再有古玩店和南纸店的发展。这种说法虽然是一种通行的看法，但同样有一定的偏颇。实际上，从琉璃厂的

琉璃厂古玩铺

琉璃厂古玩商（首图供稿）

起源和发展上看，很难明确琉璃厂文化街兴起是先有哪个行业、后有哪类店肆。宣南地区居民成分的文人化，必然吸引众多与文人雅事相关的店铺在这里开店设摊，这是所有商业发展的必然规律。琉璃厂的书肆也罢、古玩店也罢，还是以牟利为根本。它的开设就是为了满足和适应文人的文化消费需求，自然会根据京城的居民居住状态去调整和组合。

有人在著述中，以琉璃厂古玩店在与文人学士交往中称“年兄”这一行业习惯，推断琉璃厂的古玩店是由喜好文物、懂鉴赏知识的文人和落榜举子兴办开始的，这种提法未免也有些不周全。中国古代历史上不同的商业行当，它的兴起都是在一种客观的社

琉璃厂古董商

会环境和商品消费需求发展到一定的状态下出现的，古玩业也同样如此。随着社会经济大发展和文人对古董的收藏需求，以买卖古董的店铺应运而生，明代时的北京已经有了以经营古董为业的店铺，满足文人对收藏古玩的文化消费需要，到清代的琉璃厂自然也同样会因古玩商人追随文人学士居住地而设摊开肆。无论古玩铺经营什么，有一点是必然的，就是谋取利益。而谋取利益则必然要适合为它所服务的对象，不论是在店铺的陈设，还是在服务方式上，都要以消费的顾客为中心。平日光顾古玩店的多是官员、文人，与他们交往，自然要营造出一种与其社会生活相一致的氛围。在这样的前提下，与光顾古玩店的消费者称“年兄”唤“先生”，也是营造一种和谐的气氛，同时也是一种约定俗成的习惯。把这种潜移默化的行业习惯视为古玩店起源的依据，未免有点牵强，甚至有点攀高枝的嫌疑，好像古玩店的“出身”颇为高雅一般。实际上，琉璃厂的各个店铺，不管是古玩铺还是书肆、南纸店，在与文人学士交往中都十分注意与交往者的交流气氛。正是由于琉璃厂的店铺有这样浓郁的文化氛围，才使得历代文人终日徘徊于琉璃厂肆，并留下了许许多多脍炙人口的掌故逸事。

清代康熙年后期到乾隆年初期，随着琉璃厂一条街逐渐地聚集起许许多多的书肆与古玩铺、南纸店以及为文人学士提供相关服务的裱糊店、刻字铺、锦盒店，甚至眼镜店等文化连带行业，使得琉璃厂成为名副其实的古文化一条街，构成了文化界的繁荣景象。时常有人在撰写琉璃厂的有关文章，谈及琉璃厂的兴起，总是将乾隆年开“四库馆”作为一个刺激琉璃厂诸行发展的源头，这实际上有一个很大的误区，与历史的发展有一定的背离。李文藻在记述琉璃厂书肆时，曾提及琉璃厂的其他行业：“……桥以东，

海王村内古玩摊

街狭，多参以卖眼镜、烟筒、日用杂物者。”这些买卖多是为居住在附近会馆中各地举子、候补官员和各地进城经商的商人所准备的。而“桥以西，街阔，书肆外，惟古董店及卖法帖、裱字画、雕印章，包括写书禀、刻板镌碑耳……遇廷试，进场之具，如试笔、墨壶、镇纸、弓绷、叠褥备列焉”。李文藻所记述的是乾隆三十四年（1769 年）前后的琉璃厂，此时的琉璃厂可以说已经是很典型的兼有书肆、古玩铺、南纸店等的文化一条街，而开“四库馆”则是四年后的乾隆三十八年（1773 年）。因此，把琉璃厂古玩业的兴起归于“四库馆”的开设明显与史实不符，是一种长期以来以讹传讹的偏颇认识。

正是由于琉璃厂汇集了包括书肆、古玩铺、南纸店以及裱字画、雕印章，包括写书禀、刻板镌碑等店铺，使之成为汇集中国历史文化遗存的集中场所，成为自乾隆初年以来各个不同时期文人学士和达官显贵流连忘返的消遣之地。琉璃厂文化街繁荣的直接表现，就是文化诸行的汇集和兴旺，其中古玩业在这里占有十分重要的地位和相当的规模，特别是在店铺的资本和流水上，远远高于其他行业，成为琉璃厂不可缺少的主要内容和文化经营的主体之一。

古玩名店与古玩的经营

琉璃厂的古玩店不像书肆业那样，有李文藻等人的《琉璃厂书肆记》以及《续记》《三记》《四记》等，将书肆的历史沿革较为系统地记录下来。而古玩业却没有一个流传有序的历史记载，其在历史上的经营活动以及它的历史演变一般散见于文人的集子和杂文之中。20 世纪 90 年代后期，北京出版社出版的“文玩鉴赏丛书”中,由琉璃厂的老人陈重远先生撰写的《文物话春秋》《古玩谈旧闻》《骨董说珍奇》《鉴赏述往事》，第一次较为全面地记述了琉璃厂古玩业的发展历史，成为目前可以看到资料较全的琉璃厂古玩业的“史书”。但总的来说，记载琉璃厂古玩行的文献典籍确实很少。琉璃厂的古玩店不像今天有那么明确的销售分工，只是一个大概的经营分类，特别是在古玩瓷器和字画的经营方面，往往很难分清楚是古玩店还是字画店。相比之下，人们往往把经营书画的店铺也一并归到古玩店中。而南纸店经营字画，一般也作为古玩店的经营范畴。从清中后期到 20 世纪 50 年代，琉璃厂的古玩店见于文献记载的有一百余家，但具体的资料却十分零散，只能综合众多资料加以分析。

鉴古斋:琉璃厂东门外文光楼书铺西侧，民国七年（1918 年）由原任中法实业银行总裁、北洋政府财政总长、后沦为汉奸出任伪华北政务委员会委员长的王克敏出资，由河北冀县人周杰臣经理。鉴古斋除经营字画、古玩之外，在缂丝的经营上极为突出。周杰臣原在茹古斋随孙虞臣、赵佩斋学徒，出徒后在茹古斋做伙计，民国七年（1918年）经理鉴古斋时仅有二十五岁。他擅长缂丝和字画的鉴定，在缂丝的经营上颇为出色，并因此与北洋政府的交通总长、内政总长朱启钤交往甚密。鉴古斋经营到日伪统治时期关门歇业，后岳彬将店铺盘下，开设文古斋。

论文斋：东琉璃厂文昌胡同内，原为宝善堂书肆，后转卖给论文斋。

怡文斋：东琉璃厂文昌胡同内。

古欢阁：东琉璃厂东太平巷内。

鉴珍斋：东琉璃厂东太平巷内。

振华斋：东琉璃厂东太平巷内。

蕴古斋：东琉璃厂火神庙内。

华古斋：东琉璃厂西太平巷内。

彝古斋：东琉璃厂西太平巷内。

大观斋：东琉璃厂西太平巷内，光绪二十五年（1899年）由赵佩斋开设。赵佩斋原在茹古斋，后因与孙虞臣意见相左，负气离开茹古斋。据说其与内务府总管文索关系密切，故由其出资九千两，在东琉璃厂太平巷内开设大观斋。但开张不久，赶上庚子之变，八国联军入侵北京，四处劫掠，大观斋因此遭受劫难，赵佩斋也逃回大兴老家。事变之后，赵佩斋回到北京，深感对不起东家文索，但文索还是给赵佩斋三百两纹银安家。赵佩斋用三百两纹银重新经营大观斋，带着徒弟时常跑西晓市，收购一些旧字画、古玩和旧木器家具，整修后再卖。就这样，他经过几年的努力，渐渐地让大观斋的经营得以恢复。同时，因为大观斋有这样的发展过程，所以在古玩的经营的门类上要杂一些。民国二十四年（1935 年），赵佩斋去世，大观斋由其儿子经营，未几又转手给他人，曾经由大观斋原来的伙计张云岩等人经营。民国三十二年（1943 年），大观斋歇业。

成古斋：东琉璃厂西太平巷内。

博蕴斋：东琉璃厂西太平巷内。

宝古斋：博蕴斋之原址开设，其匾额为光绪皇帝的师傅、军机大臣兼总理各国事务衙门大臣翁同龢书写。该店铺一直延续经营，1956 年公私合营并入北京文物商店，现依旧在琉璃厂经营，主要经营古今字画、缂丝、顾秀以及团扇、折扇等。

赏奇斋：东琉璃厂西太平巷内，光绪二十六年（1900 年）开业。据说这家店铺是由醇亲王出资，以其管家的名义在琉璃厂开设的，经理人为北京顺义的张楼村。店肆主要经营青铜

宝古斋店铺门脸

器、石雕、古玉以及珍稀的官窑瓷器、珐琅等档次较高的古玩珍品，店铺匾额为翁同龢题写。宣统二年（1910年）由程启元经营，后改由杨润斋打理店铺的生意。赏奇斋曾通过桂月汀卖给日本山中商会高田一个法国路易十四时期的法国金胎珐琅彩绘盘，在琉璃厂的古玩行留下了很深的印迹。

韵珍斋：东琉璃厂西太平巷内。

云松阁：东琉璃厂东北园。

怀古斋：原云松阁旧址新设。

古源阁：东琉璃厂东北园。

茹古斋：位于东琉璃厂东北园，光绪九年（1883年）由河北衡水人孙虞臣开办，主要经营古代书画、瓷器、青铜器等。茹古斋的匾额为翁同龢所书，当时翁同龢任军机大臣、总理各国事务衙门，正值权极人臣之时，其字也有些意气风发之相，故所书“茹古斋”三字被称为琉璃厂乃至京城匾额精华之作。茹古斋作为琉璃厂的著名古玩字画店，聚敛了一些在古玩字画方面经营实力颇强的古玩字画行家，如赵佩斋、白凤翔、刘克昌、程秋浦、朱浦泉、萧虎臣、杨伯恒、

新春厂甸逛古玩摊（选自《洋镜头里的老北京》北京出版社）

周杰臣等。民国三十年（1941 年）茹古斋歇业关张。

闻光阁：位于琉璃厂，光绪末年由茹古斋出徒的大兴人朱谱泉开设。

信古斋：位于琉璃厂，光绪末年由河北冀县人刘绍明开设。

韫珍斋：位于琉璃厂，光绪二十二年（1896 年）由河北冀县人李绍勤开办，其店铺匾额由李象寅题写。

通古斋：东琉璃厂东北园。

古光阁：东琉璃厂东北园。

萃古斋：东琉璃厂东北园。

英古斋：东琉璃厂东北园，山西襄汾县人王德凤于同治六年（1867 年）创办，该店以鉴定和经营鸡血石、田黄石等古印章著名。英古斋的店招为贺寿慈题写。同治年间，曾国藩镇压捻军失败后，曾在北京赋闲，光顾英古斋时，曾受英古斋经理王德凤（字梧冈）恳请，为该店铺题写门楹："英光宝晋、古鉴西清。"民国三十七年（1948 年），英古斋关门歇业。

清韵阁：位于琉璃厂，河北南宫人袁庆余在光绪四年（1878 年）开设。

海王村内古玩摊（选自《琉璃厂史画》文化艺术出版社）

论古斋：东琉璃厂文明胡同，清同治元年（1862 年）由信远斋萧氏所开。信远斋是北京颇具名声的老店铺，以酸梅汤和宫廷秘方制作的果脯、蜜饯闻名，是衡水人萧氏从卖茶水摊的基础上发展起来的。信远斋发迹以后，萧氏盼其子萧秉彝能读书求功名，但萧秉彝毫无建树，对书画颇为偏爱，便在信远斋附近开设了论古斋，经营书画等。光绪十六年（1890 年）萧秉彝去世，论古斋由其子萧勋臣接替经营。论古斋曾收五代时著名画家董源山水画而名噪一时，据李葆恂《海王村所见书画录》记载：“董源山水大轴，亦冯抚军物，厂肆论古斋得之，以百金售与王莲生太史矣。”翁同龢在光绪二十二年（1896 年）十一月的日记中说：“论古斋送来字画，《英光残帖》一本、《道因碑宋拓》……皆可观。”《英光残帖》是南宋绍定二年至六年（1229—1233 年）民族英雄岳飞之孙岳珂在润州以其家藏米芾墨迹所摹刻。岳珂和米芾同是宋代人，他对米芾墨迹情有独钟，收集到的米氏书法作品数量多而精，再加上摹刻精良，为较为出色的法帖摹刻本。但此法帖流传稀少，多为残帖，故翁同龢对《英光残帖》颇为在意，特意将论古斋送去的《英光残帖》记于日记之中。民国三十一年（1942 年），论古斋歇业关张。

韫玉斋：位于琉璃厂，民国二十六年（1937 年）河北衡水人范岐周开设。

雅韵斋：琉璃厂海王村内。

藏晖阁：琉璃厂海王村内。

海珍斋：琉璃厂海王村内。

博文斋：东琉璃厂观音阁内。

信文斋：东琉璃厂观音阁内。

陶古斋：东琉璃厂观音阁内。

延清堂：位于东琉璃厂姚江胡同内，光绪二十七年（1901 年）由内务府总管文索出资，由丁济谦经理，主要经营古代瓷器，同时做青铜器和其他古玩杂项。延清堂在琉璃厂著名，主要是其经营的古代瓷器多为官窑瓷器。清代按大清律例，一般商家不得经营官瓷，延清堂依据其靠山，几乎是公开经营官瓷买卖。民国初年，官窑瓷器可以公开买卖，延清堂因与清内府有着千丝万缕的联系，在前清时就曾收购到许多官窑瓷器，这时便成为其雄厚经营实力的基础，在琉璃厂是一家颇具实力的大古玩店。民国十三年（1924 年），丁济谦受比利时的华比银行聘请出任经理，延清堂交由他人打理，但没多久便关张歇业。

雅文斋：东琉璃厂姚江胡同内，原为延清堂古玩店之旧址，后倒给了清和斋古玩店。民国十七年（1928 年），由原大观斋赵佩斋的徒弟萧书农开办，店铺匾额由原清代翰林袁励准书写。萧书农也为河北衡水人，为原茹古斋门徒、博韫斋掌柜萧虎臣叔伯兄弟，十五岁时到琉璃厂大观斋跟赵佩斋学徒，出徒后留在大观斋，年仅二十岁便主持大观斋的经营业务。民国十七年（1928 年），他在延清堂旧址开设了雅文斋，主要经营宋元瓷器和古玩杂项。雅文斋经营到北平和平解放后才关张歇业。

贞古斋：东琉璃厂姚江胡同内，民国八年（1919 年）由苏惕夫开设，主要经营字画。

品雅斋：东琉璃厂路南。

致宝斋：东琉璃厂路南姚江胡同内，光绪二十九年（1903 年）

由郭质庵开办,民国七年(1918 年)郭梅亭接替经理店铺的业务。郭梅亭原在茹古斋学徒，出徒后当伙计若干年，后自己独挑一摊。

韵古斋：东琉璃厂路南，光绪二十九年(1903 年)由韩少慈开办，店招由道光年间举人、官至内阁侍读、封光禄大夫的潘祖荫题写。韩少慈最初在萃文阁裱画铺学徒，后自己开办韵古斋。民国三十一年(1942 年)，韩少慈将著名收藏家汪向叔所藏书画悉数购进，并转手卖给徐大总统的弟弟、时任津浦铁路局局长徐世章，获利甚为丰厚，使得韵古斋一跃成为琉璃厂颇具实力的店肆之一。韵古斋在琉璃厂经营了半个世纪，1956 年公私合营并入北京文物商店。现主要经营历代陶瓷、青铜器、牙木竹雕和珐琅漆器、翠玉料器等项目。

静观阁：东琉璃厂路南。

陶庐古玩店：东琉璃厂路南。

鉴光阁：东琉璃厂姚江胡同内，民国二十六年(1937 年)刘克昌之徒傅凯臣开设。

榷古斋：东琉璃厂路南姚江胡同内。

墨缘阁：东琉璃厂路南。

博韫斋：东琉璃厂路北，原为文盛堂书肆，民国元年(1912 年)萧虎臣、杨伯恒从文盛堂将店铺盘下，开设博韫斋。

萃文阁、墨缘阁（首图供稿）

纯古斋：东琉璃厂沙土园。

余粹斋：东琉璃厂沙土园。

悦古斋：东琉璃厂沙土园，原为古芬阁书肆，光绪二十八年（1902年）山东邹平人韩懿轩开办，其店肆匾额为清廷宗室后裔、学部侍郎宝熙题写。悦古斋主要经营古代字画和文房四宝，并培养出一批具有较高水平的古玩专门人才。1956年，悦古斋公私合营并入北京文物商店。

宝熙题写悦古斋匾额

证古精舍古玩店：东琉璃厂土地祠内。

静寄山房古玩店：东琉璃厂土地祠内。

宛委山房古玩店：东琉璃厂土地祠内。

古珍斋：东琉璃厂路南。

传古斋：东琉璃厂路南。

博雅斋：南新华街玉器长春会馆内，会馆门额上有“玉器长春会馆”题字，为吴佩孚所题写。

玉池山房：位于南新华街。

晋雅斋：西琉璃厂路北。

尊古斋：西琉璃厂路北，湖北云梦人黄兴甫光绪二十三年（1897年）开设。黄兴甫经营十几年后，将店铺转给其侄子黄柏川经营。尊古斋经营青铜器、古玉、拓片和书画等。尤其是在黄柏川经营期间，在琉璃厂颇有声望。黄柏川十分注重所经手的古玩留存资料，特别是对青铜器，每收售一件，必要留存拓片。他曾编著《尊古斋所见吉金图》《衡斋金石识小录》《衡斋藏见古玉图》《尊古斋集印》等书。尊古斋刊刻如此多的有关古玩图书，在琉璃厂，甚至在全国同业中都是颇为鲜见的。民国十七年（1928年），孙殿英盗掘清东陵，后到北平销赃，曾与尊古斋有过接触，事发后黄柏川受牵连入狱。数年后出狱，黄柏川将尊古斋关门，店铺转售给萃珍斋。黄柏川又在东琉璃厂原宝铭斋书铺旧址开通古斋。

萃珍斋：原为尊古斋旧址。

宣和斋：西琉璃厂路北。

振华斋：西琉璃厂路北。

式古斋：西琉璃厂路北，原为奎文堂书肆旧址，光绪二十九年（1903年）由河北衡水人孙桂澂开设，后店铺转让给大兴人杨福旺经营。崇彝在著作《说印》一书中曾记录在式古斋购买昌

萃珍斋匾额

化十二石，文曰：“壬申之冬，在厂市式古斋，见昌化十二石，亦可称中华文物之菁英，天壤之尤物也。”

益珍斋：位于琉璃厂，光绪二十八年（1902 年）河北枣强人刘益卿开设，其店铺匾额由葆初题写。

余古阁：西琉璃厂路北。

淳青阁：西琉璃厂路北。

铭珍阁：西琉璃厂路北。

笔彩斋：西琉璃厂路北，清同治四年（1865 年）开业，店招为同光时期著名书法家王维珍题写。相传笔彩斋为郑亲王授意，出资九千两由其总管出面在琉璃厂开设的书画古玩铺，经理人为河北冀州人袁厚民。袁厚民光绪十九年（1893 年）自己单挑开办德珍斋，笔彩斋改由袁厚民之徒陈东甫打理，后又由武琴轩经理，民国二十年（1931 年）笔彩斋歇业。光绪十六年（1890 年）笔彩斋曾收到元代著名画家王蒙的《丹山瀛海图》，为传世王蒙真迹中的极品，后以二百五十两纹银的价格卖给了国子监祭酒、收藏家王莲生。这个王莲生就是当年挖苦端方“只知饮酒狎优，对碑帖一无所知”的国子监祭酒，嗜好收藏碑帖字画。笔彩斋经手买卖王蒙的《丹山瀛海图》，也就成了这个店铺的精彩之笔。

铭珍斋：位于琉璃厂，光绪末年韩敬斋开设。经营古代书画和宋元瓷器，在京津沪等地颇有名望。民国三十年（1941 年），李铭珍在东琉璃厂开设铭珍斋古旧书铺，与此字号重名。

崇古斋：西琉璃厂路北，光绪三十年（1904 年）由清朝知府陈昔凡出资，张鸿瑞开办、经理，店铺招幌由宣统皇帝的师傅陆润庠题写。崇古斋在张鸿瑞的精心打理下，生意十分兴隆。宣统二年（1910 年），崇古斋在沈阳开办分号。崇古斋东家陈昔凡后卸任回安徽老家，其原配夫人去世后，陈昔凡在家乡颇感孤单，便搬到琉璃厂崇古斋后院寓居，并又续弦谢氏为妻。陈昔凡原配夫人未给他留下子女，便将其兄次子陈乾生过继给陈昔凡。这个陈乾生就是赫赫有名的陈独秀。张鸿瑞经营崇古斋三十余年，日伪占领北平期间，张鸿瑞年老体衰而去世，东家谢夫人还特意吩咐请一桌燕翅席给张掌柜的祭奠。东家与店铺掌柜的深厚友情由此可见一斑。张鸿瑞去世后，崇古斋由他的徒弟牛在如经理，即便是日伪统治时期，也依旧不断地给远在四川江津的东家送上年终红利。1956 年，崇古斋公私合营并入北京文物商店。

懿文斋珠宝玉器铺：西琉璃厂路北。

文珍斋：西琉璃厂路南，店招为光绪年间兵部候补主事于式枚题写。

德珍斋：西琉璃厂路南，光绪十九年（1893 年）由河北冀州人袁厚民开办。

德宝斋：西琉璃厂路南，为山西人李诚甫在道光末年所开。咸丰九年（1859 年），德宝斋扩充门面，其店肆匾额由八家“铁帽子王”之一的克勤郡王所书。翁同龢为其书写店铺门联曰：“德比圭璋儒所贵，宝兹彝鼎古为徒。”由王爷书写店招，大学士书写门联，琉璃厂仅此一家。李诚甫在古代彝器的鉴定上造诣很深，在经营古玩过程中对三代重器格外关注，曾经他手将毛公鼎卖给翰林学士陈介祺，大克鼎转卖给军机大臣潘祖荫，这成为李诚甫在古玩经营中的得意之笔。清代收藏家陈介祺一生中收藏六千余枚秦汉古印，很多都是德宝斋的功劳。陈介祺在其老家修筑万印楼，就是由于他收藏秦汉古印甚多而出名。当年中国书店出版社复制影印陈介祺的《簠斋古印谱》《十钟山房印举》，就是因为陈介祺在古印的收藏和他当年出版的印谱具有较高水平和丰富的藏品而著名。这其中，德宝斋的功劳不可忽视。陈介祺死后，其后代又委托德宝斋将所藏古印售出。陈介祺所藏古印最具传奇色彩的有赵飞燕玉印，德宝斋在民国年间卖给少帅张学良。不仅如此，接替李诚甫经营德宝斋的刘振卿，在古玩经营方面也颇有建树，尤其在碑帖的鉴定方面具有较高的能力，曾颇得翁同龢赏识，翁氏在其日记中称誉他为“此市人中风雅者也”。光绪二十七年（1901 年）李诚甫故去，德宝斋由其侄李德宣经营，德宝斋依旧是琉璃厂著名的古玩店，还培养出一批具有较高经营水平和鉴定实力的古玩经营者，如贾平甫、毛子恒、刘廉泉、李健平等。民国三十四年（1945 年），德宝斋关门歇业，这家经营近百年的古玩店在琉璃厂消失。

虹光阁：西琉璃厂路南，民国十二年（1923 年）由杜华亭开设。杜华亭原在笔彩斋学徒，后自己出来单干，由翁氏等三家出资开设虹光阁，杜华亭任经理，经营字画。虹光阁的店招为原光绪年间进士华世奎题写。华世奎北洋政府时曾入内阁，写得一手漂亮的颜体字，人们求到他的一幅字颇为艰难。民国初年北洋政府开辟和平门，城门上的“和平门”三个字就是北洋政府花三百元大洋求他写的，但他对虹光阁却分文不取，所书“虹光阁”三个大

虹光阁今日匾额，董寿平题写

字颜体的笔意风韵格外的浓重。

松古阁：西琉璃厂路南。

赏古斋：西琉璃厂路南，光绪元年（1875 年）由顺义高丽营人张舜清开办。赏古斋最为著名的是其匾额由光绪皇帝的老师翁同龢题写，这块匾后来在民国三十二年（1943 年）赏古斋歇业后，由邱震生买去，请陶北溟将原来翁同龢书写的“賞”字上边部分巧妙地改写为“寶”字，浑然一体，成为琉璃厂匾额中的一个亮点。

寄观阁文玩铺：位于琉璃厂，店招为咸丰朝御史曹登庸题写。

博古斋：位于琉璃厂。琉璃厂的历史上常有一个字号的名称，两个甚至三个店铺前后分别使

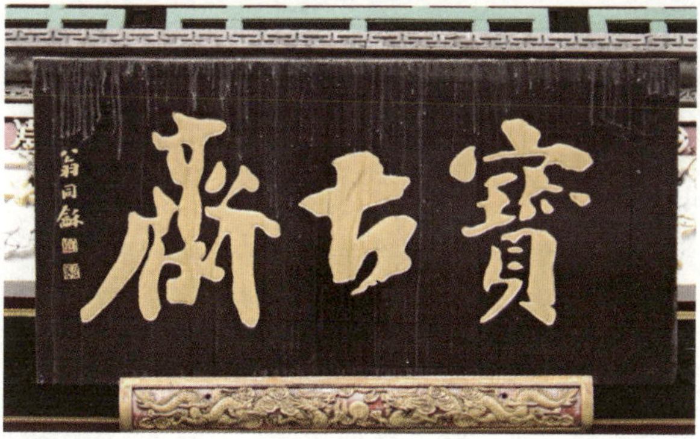

被巧妙地修改的宝古斋匾额，原为赏古斋匾额

博古斋匾额

用，博古斋就是其中一个。琉璃厂古玩店最早见于文献记录的就是博古斋古玩店，为道光年间开设。据记载，道光二十五年（1845年），博古斋曾收到明代徐渭泼墨写生卷，卖给翰林院编修陈介祺。这是琉璃厂古玩店中最早有明确经营具体内容和时间的记载。清咸丰年间的博古斋，店主为大兴县人祝锡之。祝锡之擅长山水画，自称为“虞山派”，模仿古人之画往往以假乱真。其在经营中，将清代文人交往的习俗引进古玩行，遇年长者称“夫子”，也有称“先生”或者“仁兄”，送客也站在门内拱手抱拳，按照老北京礼俗道别。北京古玩行的很多对顾客的送往迎来的规矩，皆出自祝锡之。他在京城与文人学士交往密切，在古玩和书画方面经营极为活跃，并且培养出一批具有较高水平的古玩行家。琉璃厂的式古斋、大观斋、茹古斋等店肆的店主，都是博古斋培养出来的。同治年间，博古斋由河北衡水人李镜湖经理，光绪年间改由衡水人孙虞臣打理。

博古堂：位于琉璃厂，与乾隆年间书肆“博古堂”同名，匾额为嘉庆年间内务府大臣、工部尚书那彦成题写。从题写店招的人看，这个古玩店应该是乾隆年间李氏所开的书肆演变而来。

永宝斋文玩铺：位于琉璃厂，为山西襄汾县人崔皆平于光绪十年（1884 年）创办，店招为清代翰林院编修、侍读学士、户部侍郎周寿昌所书。

馀古斋文玩铺：位于琉璃厂，店招为光绪三年（1877 年）进士、著名藏书家常熟翁斌孙题写。

书业堂：位于琉璃厂，同治年间山西潞安府长治县人崔玉峰开办。

奇观阁：位于琉璃厂，山西人马瑞亭开办。

渊识斋：位于琉璃厂，山西襄汾人毛子恒开设。

晋秀斋：位于琉璃厂，山西襄汾人贾济川开设。

永誉斋：位于琉璃厂，山西临汾人李建平、李欣平合伙开设。

振寰阁：位于琉璃厂，山西襄汾人开办。

北京文物商店：琉璃厂的古玩行业经过数百年的发展，走过了起伏跌宕的发展历程。1956 年，琉璃厂古玩行开始进行社会主义改造，1960 年，在琉璃厂古玩行全行业进行社会主义改造的基础上，成立了“北京市文物商店”，1993 年改名为“北京文物公司”。四十余年来，北京文物商店通过商业手

振寰阁匾额

段，搜求到大量散失于民间的传世文物，为国家收集、保管了流散在社会上的文物达百万件，珍贵文物达 20 万件以上，为全国各大博物馆和大专院校、科研单位提供了丰富的文物藏品和研究资料，同时也有选择地将一部分文物供应给中外文物爱好者，对活跃文物市场，发挥民间的力量，进一步保护文物，起到了积极的促进作用，也为宣传介绍中国的历史文化立下了汗马功劳，被人们誉为“京华文物殿堂”。今天的北京文物公司在琉璃厂下属十几家店铺，有经营历代字画的宝古斋、虹光阁，有经营金石、陶瓷及其他艺术品的萃珍斋、振寰阁、敦华斋，有经营历代钱币和碑帖的庆云堂、观复斋以及活跃在拍卖市场的瀚海拍卖公司等，成为琉璃厂文化街主要的文化经营集团。

琉璃厂古玩行的经营传统及影响

琉璃厂的古玩行，在数百年的经营历程中，形成了具有鲜明特征的京城古玩业风格。它一方面对琉璃厂的文化内涵和文化氛围产生了直接的影响；另一方面，也在京城文化的发展上成为一个不可忽视的文化势力。以往的文献和研究文章中，对琉璃厂书肆业的发展和影响关注较多，而对琉璃厂的古玩行，在其历史资料方面就相对薄弱，古玩行的文化影响和功能则更被忽视，很少放在京城文化发展的整体上加以考察。

琉璃厂古玩业的兴起和发展，是建立在满足京城达官显贵和文人学士在古玩收藏需要的基础上形成的。它的兴起和发展，主观上是为了谋求经营利润，但由于经营类别的特殊性和它所经营的商品的文化附着价值，使得琉璃厂的古玩业成为中国历史文化遗产的“肉身”和直接表现。古玩行的那种格调甚至是北京休闲

民国时期琉璃厂古玩店的掌柜与伙计（选自《洋镜头里的老北京》北京出版社）

文化的折射，那种把玩着历史的遗存，一种痴迷和陶醉，构成了京城收藏的一种格调和风尚，甚至成为北京文化的一种表现形式。固然，京城收藏文物古董的出发点不同，有为浓缩和聚敛财富的，有为谋求日后升值的，但更多的是一种对古玩的嗜好，甚至可以说是一种“癖”。在这样一种文化鉴赏和消费的作用下，琉璃厂的古玩业淋漓尽致地发挥着它的行业作用，并直接为文物的发掘、保护、流通和收藏起着积极的促进作用和文化保护功能。同时，它也成为京城文化情调的一个组成部分。灰墙灰瓦的四合院中，洁白墙壁上悬挂的字画，造型各异的博古架上陈设的古玩，让京味的感受更为饱满和充实。历史上，人们容易把古玩业与唯利是图、谋求暴利自然地联想在一起。事实上，没有古玩业的活跃，京城文化的物化也就只有四壁皆空的空房子和破庙了。而正是由于琉璃厂古玩行的活跃，让凝聚着数千年中国传统文化物质载体——文物古董进入了人们的日常生活，渲染和制造了京城儒雅文化的情调，让北京的文化氛围更直接、更丰满。这是以往人们对琉璃厂古玩业拥有的文化功能时常忽视的一面。

在古玩行的经营上，琉璃厂成为北京古玩业的标志，不论是在所经营的商品的档次、品相还是价值上，都在京城乃至全国首屈一指。而且在经营的规模上，也是最为集中和规模最大的，这在全国乃至世界范围内都是仅有的。

琉璃厂古玩业的经营，某些方面与古旧书业又颇有相像之处。一般的是门面房等主候客，另一方面店肆的伙计出入大户人家，或送上四处收敛淘换到的珍奇古董，或从落魄人家买回昔日的藏品。京城许多大户人家，门房里总是摆着两溜长条凳子，基本上是为琉璃厂书肆或古玩铺伙计等候而备。达官显贵、文人名流，上午或上朝面君，或升堂办公。午间小憩之后，逐个将在门房等候的伙计传入，有何珍稀古董一一呈上，请主顾过目。当然也有年关之前，门房里坐等收账的伙计，清贫的文人往往对此颇感头疼。除了古玩行的伙计走门串户，还有的在同业中窜行，不管是从外地趸来的货物，还是从晓市捡漏淘换的古玩，在行里相互流通，吃个价格的差额。古玩买卖中也有牵线搭桥的中间人，成交后依据“成三破二”收取佣金，倒也悠闲自得。行里的，也有的因资金不足或者鉴定古董的眼力不够，与他人“伙货”，一旦售出，伙货的各方利润平分，绝无同行相互蒙骗之事。琉璃厂的古玩商们，往往有在同行中“搂货”的做法，实际上是另一种用他人的

琉璃厂古玩商与收藏家龚展虞合影（首图供稿）

货物代销的方式。同行“搂货”的，一旦双方谈成，便将货物拿走，也不用打收条，双方均严守信用，这成为北京琉璃厂古玩商一种传统的经营规矩。

琉璃厂古玩业的待客接物也别具一格，往来的主顾往往以“先生”“年兄”相称，不论是掌柜还是伙计，对待光顾店肆的客人殷勤周到地接待，不卑不亢。介绍古董时有一种相互交流切磋的气氛，很谦和地请客人给“掌掌眼”。买卖之中，不管是古玩铺卖出还是从收藏者手中购入，不说是买或者卖，而是文雅的称为“匀给我”“让给您了”，委婉之语透着一种儒商的味道。每论及一件古董，店肆的掌柜或伙计总是从起源、款式、沿革和收藏经历娓娓道来，甚至还从当时的历史大背景和文化起源上加以陈述，交谈之中就像是进行收藏知识的交流和研讨。正因为琉璃厂古玩业的这种经营模式，对学徒和伙计的培养显得尤为突出。由于所面对的顾客是达官显贵和文人学士，因此对其学徒、伙计在基本的待客方式和语言上有较为苛刻的要求，所立的规矩和讲究也很多。比如，言谈话语要有文采，举手投足要有儒雅的风度；不随意嬉笑，不得口出污言粗语；端茶应双手捧上，面对客人不要很快转身，伺候顾客的时候要双手下垂等。学徒或者伙计说话要谈吐文雅，声音不能太高，也不能含含糊糊口齿不清，年长者称“先生”或“夫子”，同辈为“年兄”或“兄长”，进门有迎客的招呼，出门有送别的告辞。交易和交谈之中，尽可能如数家珍般地介绍每一件古董，从它的历史到它的款式，从它的纹饰到它的收藏，在专业上颇具实力的掌柜或伙计会讲得头头是道，所以古玩行对学徒的培养要求很高，需要知道一些历史知识，熟悉本店铺经营的不同类别古玩的基本内容和特点。在这样的熏陶下，琉璃厂古玩行的很多人在长期的经营中，对某一类骨董的鉴定和判别，具有很高的专业能力，有的甚至成为某一领域的专家。

琉璃厂古玩行为京城文化的丰富和发展起到了积极的推动作用，同时也带来了丰厚的利润。从有关文献记载的情况看，在这条街上，古玩铺的数量远远低于经营古旧书刊的书铺，但是在经营额和赢利上，则远远超出书肆业的实力。琉璃厂历史上颇具实力的经营者，基本上都出自古玩行，所以才有形容古玩店的经营“三年不开张、开张吃三年”的说法，这是琉璃厂古玩行特有的行业经营规律。

南纸店与字画经营

南纸店，是琉璃厂文化街经营字画的“鼻祖”，也是琉璃厂主要经营行业之一。南纸店最早是经营纸张、文具的店铺，因其经营的纸张一般都是安徽、浙江等地南方出产的宣纸、竹纸等，与其他的经营高丽纸的店铺相对而言，故称为南纸店。随着琉璃厂的发展，大多南纸店在经营纸张、文具的基础上，开始经营字画等业务。

南纸店的演变与字画经营

在琉璃厂这条街上，书肆、古玩铺、南纸店是这条文化街的主要经营行业。

南纸店主要是经营纸张、文具和字画的店铺，之所以称为“南纸店”，是由于其经营的纸张一般是由安徽、浙江等南方地区出产的宣纸、竹纸等，与北京其他经营纸张的店铺所销售的高丽纸等相对而言为南纸。这些纸质地上乘，纹理细腻，是文人学士书写和绘画创作的上好材料。前面曾经谈到，琉璃厂文化街的形成，是为了满足宣南一带文人学士的文化消费需求。琉璃厂文化街形成之初，南纸店与书肆、古玩店一同聚集在这里，成为最早形成一定规模的行业之一。最初的南纸店主要是经营纸张和一般的账簿、笺纸，连带着经营一些文房用具等。渐渐的，南纸店的经营也逐步扩大，除了经营书画用纸、文房四宝以及印泥等文房用具之外，也开始经营字画。特别是在古代书画以及当朝文人学士的书画作品的经营上，逐渐活跃起来，与部分经营碑帖、字画的古玩店在经营范围上有所交叉。有的南纸店在经营文房四宝时，也时常有一些古墨、古砚、印章的石料等。因此，有时很难明确区分这样的店铺。

琉璃厂南纸店主要经营以宣纸为主的书画用纸。宣纸，又被

宣纸生产时捣纸浆的器具

称为“千年寿纸”，因产于安徽古宣州泾县而得名，是安徽的著名特产。宣纸的生产有一千多年历史，到清代时宣纸的生产达到了高峰，安徽宣纸因纹理细腻且吸水性好而成为“贡品”。宣纸以质地细薄、绵韧、洁白、紧密而著称。无论写字还是作画，墨韵层次清晰，色泽经久不变，而且不蛀不腐，久折不断，具有松而不弛、紧而不实、淡而不浑、光而不滑及油墨性好等特点，千百年来是文人雅士最基本的文案用品。

纸张生产工序之一——抄纸

琉璃厂的店铺在文化用品的经营上，一向注意文化商品的连带性。南纸店也同样如此，他们不仅仅只是经营宣纸，凡是文案用纸、本册都是其经营所包含的类别，有的商品甚至成为琉璃厂经营的特色商品，笺纸就是最为突出的一项内容。

笺纸是中国古代文人用于往来书信或者咏诗题词使用的一种幅小而华贵的纸张，古代的笺纸在制作上讲求纸质洁白、匀薄、细腻，并且时常在笺纸上印有精致而又淡雅的装饰性图案或者淡雅的绘画小品，特别是名家所绘画稿更是深受人们的欢迎。在笺纸的制作上，旧时文人颇为考究，不仅仅是以淡雅的彩色装饰，甚至使用拱花、饾版印刷的工艺将装饰的图案加工的花蕊凹凸出来，极为精致。历代文人雅士，常常以自己斋号室名或者字号制作个人专用笺纸，是为私家笺。也有在笺纸上印以汉瓦周壶或铭文者，古香古色。还有以各种色彩印制成山水花鸟等图样，故统称之为“彩笺”“花笺”“锦笺”等美名。将彩印笺纸辑成图册，则称为“笺谱”。

通常认为，笺纸起源于南北朝时期，并很快成为文人雅士交往中相互应和酬唱的载体，到唐代已经有了私人专门为自己作诗题词使用的专用笺纸。传说中唐代名妓薛涛曾经创制深红色的小彩笺，献酬名贤。据《南部新书》记载：“薛涛好制小诗。惜其幅大，不欲长剩，乃狭小之。蜀才子后减诸笺如是，号薛涛笺。”因染笺时用浣花溪水，故称为“浣花笺”，也称为“薛涛笺”。宋代时，对笺纸的考究发展到更高的水平，谢景初创制深红、粉红、杏红、明黄、深青、浅青、深绿、浅绿、铜绿、浅云等十色笺，

雕刻饾版

世称“谢公笺”。到了元代，开始在制笺时印以金银花饰，笺纸华丽程度更为显著。明代以后，笺纸制作以及它的艺术追求更为考究，并成为文人雅士的嗜好。万历年间，木版水印笺纸已经流行，笺纸上印有花卉鸟兽、山水人物等，也出现了一些著名的笺谱和制作笺纸的高手。如明代吴发祥的《萝轩变古笺谱》、明末清初胡正言的《十竹斋笺谱》等所制作的笺纸，图案极其精致、典雅。这两部笺谱均用套色木刻水印，率先采用“拱花”技术。所谓“拱花”，就是凹凸版，以表现流水、白云等缥缈恍惚的立体虚幻效果。这两部笺谱的刊行传世，为文苑增添了风雅情调。

清代以来，笺纸在琉璃厂的南纸店颇受重视，也逐渐成为南纸店主要的经营项目之一，而且也出现了一大批具有典型代表的笺纸或笺谱。而且笺纸的种类也区分得越加详细，写信的为信笺，写诗的为诗笺，作画的为画笺，写谜面的则为谜笺。进入民国以后，许多单位的公文用纸也是使用笺纸，于是又有了公文笺。这一切更使得琉璃厂南纸店在笺纸的经营上颇为注重它的投入。很多文人喜欢那种把木刻画印在笺纸上，琉璃厂的南纸店便搜求著名画家的绘画小品，制作成笺纸销售。20 世纪二三十年代，这种风气在京城文人中很是流行，姚茫父等人参与笺纸绘制，带动了很多画家、文人随之效仿，张大千、齐白石、吴观岱、溥心畬、吴侍秋等诸多画家也积极地涉猎笺纸，琉璃厂的荣宝斋、清秘阁、松寿堂、松古堂、松华斋、淳菁阁、懿文斋等二十余家南纸店或者书画铺都曾先后大量制作笺纸，自然就带动南纸店的生意兴旺起来。琉璃厂的诸家南纸店，还有为私人制作笺纸或者是画笺纸的业务。笺纸上的图案由客人自己设计，南纸店、书画铺代为雕版印刷。这种笺纸是文人相互之间咏诗作札的专用笺纸，大都根据文人雅士自己的爱好定制。清代的阮元、翁方纲、杨首敬等人喜欢用书法、金石、古玩、钟鼎等图案，于是就形成了清代的“金石书笺”流派。也有的私人专用笺纸比较淡雅，仅印上书写的格线，但在笺边的右下方都印制有自己的书斋室号，红学大师俞平伯的笺纸印有“仿仓颉篇六十字为一章”、傅雷自制的笺纸有“疾风迅雷楼”、周今觉的素笺印的是“今觉厂制心心相印笺”，等等。但是这些私人制作的笺纸大都只是印有书斋的室名别号。

对笺纸的垂青，使很多文人学者将其作为传统文化的一项重要的内容进行整理和研究，最具典型代表的就是鲁迅和郑振铎先生合作收集整理的《北平笺谱》。鲁迅先生关注诗笺已经很久，20 世纪 30 年代初期，鲁迅先生开始专门到琉璃厂的南纸店和字画铺收集各种笺纸。他对传统的笺纸评价甚高，认为笺纸是中国历代印刷史和文人文化思潮的一种特有的形式。他担心伴随着笺纸使用的减少而使得这一文化雅趣渐渐地失落，于是决意搜求各种笺纸合编成集。他与郑振铎先生商议，在他不在北京时，由郑

琉璃厂的字画铺

振铎在琉璃厂南纸店搜求，再寄到上海由鲁迅挑选，鲁迅先生选编后再寄到北平由郑振铎负责请琉璃厂的荣宝斋雕版印刷。当时，郑振铎先生遍访了琉璃厂淳菁阁、松华斋、松古斋、懿文斋等店铺，搜集到很多笺纸陆续寄往上海。鲁迅先生在经过再三推敲取舍后再寄给郑振铎先生。经过一段时间的努力，鲁迅、郑振铎选择了各种绚丽多彩的笺纸 332 幅，汇编成册，共六大册，用宣纸印刷，以线装的形式出版。民国二十三年（1934 年）该书终于刊行问世，受到人们的喜欢，没过多久又加印了一百部。1949 年以后，荣宝斋再次出版时，改名为《北京笺谱》。鲁迅、郑振铎先生合作编辑整理的《北平笺谱》是同类刊行的笺谱水平最高的，也是具有很重要的研究价值。随后他们又重新整理刊行了《十竹斋笺谱》。在这两部笺谱图书的整理和搜求过程中，琉璃厂的南纸店和字画铺发挥了重要的作用。

琉璃厂的南纸店在历代字画的经营上更是有着很大的实力，也是南纸店在其发展过程中一个重要的经营门类。我国各大博物馆馆藏的历代名画，很多都是琉璃厂的南纸店经手的，并在长期的经营实践中培养出一大批具有很高水平的字画鉴定专家。琉璃厂的南纸店还有一项经营业务，就是一直流传到今天依旧采用的销售方式——“挂笔单”。所谓“挂笔单”是指的一些文人或者书画家将书画明码实价悬挂在琉璃厂的南纸店中，由南纸店代销，销售出去后南纸店按比例抽取佣金。这种销售形式从清代后期开始，一直持续到今天，并成为一种琉璃厂南纸店和书画店惯用的形式。京城的文人雅士和书画家们也以自己的作品能出现在琉璃厂南纸店挂笔单而得意。北洋政府时期的“文人”大总统徐世昌寓居天津时，就常有笔单出现在琉璃厂，当然其价格不菲，成为前徐大总统的文人自诩的依据。

琉璃厂字画名店

琉璃厂的南纸店和字画店不像书肆那样记录详尽，甚至比古玩店的记录还要支离破碎，而且很多古玩店又是字画铺，很难区分，我们只能根据有限的资料记述琉璃厂的南纸店或字画铺。

清秘阁：位于西琉璃厂，既经营南纸，也买卖古玩。其店肆之名源自宋末元初著名书画家倪瓒之藏书阁的名称，匾额为阿克敦以欧体字书写，是京城少有的欧体字店铺匾额。清秘阁的开设，没有明确的文献资料记载，人们传说乾隆年间，乾隆皇帝的奶娘周嬷嬷进宫觐见乾隆皇帝时，恳求乾隆为其儿子谋份差事，但奶娘周嬷嬷的儿子既不能文也不能武，乾隆颇感为难，后纪晓岚出主意，让其在琉璃厂开设一售卖文房用具的南纸店，并由乾隆赐名为“清秘阁”。当然，这只是人们的传说，但应该说它的开业时间在琉璃厂各个古玩店中是比较早的。而且清秘阁在经营中确实与皇宫大内关系密切，曾经承担六部的呈奏用纸和文房用品。以往清代官员下朝后，乘轿或马车出宣武门后到琉璃厂，先在清秘阁下车，将朝服更为便装后再逛琉璃厂，所以旧日清秘阁门前较为宽阔，还置有拴马桩和为官员更换朝服而设的大客房，官

清秘阁

清秘阁匾额

员们到此更衣小憩之后，再去琉璃厂的店铺闲逛。清秘阁在琉璃厂与其他各家古玩铺地位悬殊，由此可见一斑。清秘阁在琉璃厂的经营中十分活跃，也是琉璃厂的一家规模较大的店肆，吸引了众多文人学士光顾。鲁迅先生在民国元年（1912 年）11 月 9 日的日记中记道：“赴留黎（琉璃）厂买纸，并托清秘阁买林琴南画册一叶，付银四圆四角，约半月后取。”此外，清秘阁的八宝印泥曾经是书画界颇为推崇的文案用品。清秘阁经营到民国三十七年（1948 年）关张歇业，今天琉璃厂街上的清秘阁是 20 世纪 80 年代重新恢复的字号。

秀文斋南纸店：位于琉璃厂，主要经营字画和文房四宝，其店铺的匾额为翁同龢所书。

懿文斋南纸店：位于琉璃厂，曾有懿文斋珠宝铺与此店肆同名，店肆匾额由祁藻题写。懿文斋在其经营过程中，曾多方打点，疏通关系，将原来由松竹斋经营的官府考卷的生意拉到自己的店铺中，成为其在琉璃厂经营中

屏古斋书画店

新春厂甸的书画棚（首图供稿）

一项稳定的经营业务。

静文斋南纸店：位于琉璃厂，经营字画、书画用纸和文房四宝，店肆匾额为徐世昌题写。

松竹斋南纸店：位于琉璃厂，为荣宝斋的前身，其店肆匾额为梁诗正题写。传说在康熙十一年（1672 年）创办，是琉璃厂开办得比较早的字画店。创办人为浙江张氏，主要经营书画用纸、各种扇面以及装裱好的喜寿屏联等，另外还经营各种笔、墨、砚台、墨盒、水盂、印泥、镇尺、笔架等文房用具。松竹斋较为稳定的经营项目是承办官卷、官折等。有清一代，对臣子们上的奏折十分挑剔，不仅仅从文字上要挑剔是不是有“破体字”以及款式上不合礼制的，还特别注意不能出现“天边皇”“落地臣”等忌讳的款式。同时，对于选用奏折用纸也要求苛刻，必须纯洁无疵者方为上上品。松竹斋的经营者深知官员奏折干系本人前程，故此对所销售的奏折用纸拣选极为严格，每一白折要经十数人之手遴选，稍有瑕疵即为不合格，所以它的价格也比其他店铺要昂贵许多，但凡售出奏折绝无品相上的问题，购买的官员自然十分放心，而各省官员疆吏也就以松竹斋奏折为首选。松竹斋经过几代人的努力，名噪京华，不但蜚声于士林官场，就连附庸风雅的普通人家也以光顾松竹斋为荣耀。有清一代，许多文人名士与松筠斋保持着密切的交往，顾炎武、王士禛、孙承泽、孙星衍等都极为喜欢与之往来。有人曾以松竹斋和他的东家张氏的经历为题材，撰写《永庆升平》一书，在琉璃厂书肆刊行流传。松竹斋经营到光绪年间逐渐衰落，光绪二十年（1894 年）张家延请庄虎臣为经理，将原来的松竹斋关张歇业，另开荣宝斋继续经营。

云藻舫字画铺：位于琉璃厂，其店肆匾额为李象寅题写。

鸿文斋南纸店：位于琉璃厂桥东路南。

同兴局南纸铺：位于东琉璃厂观音阁内，其笺纸和各类宣纸价格较其他南纸铺便宜，还可以现定现作。

宝文斋书画铺：位于琉璃厂东门内路北，道光年间开业，其门脸曾有对联云“宝鼎芝房嘉祥备至，文场笔陈典籍纷披”，被认为是琉璃厂诸店铺中门联较为突出者。

荣宝斋：荣宝斋是琉璃厂最重要的一家文化老店，专门经营

郭沫若题写的荣宝斋匾额

历代字画、笺纸、文房四宝以及木版水印、字画装裱等。作为琉璃厂文化街的元老级店铺和文化街的重要组成部分之一，荣宝斋有着举足轻重的地位，在保存、传播祖国的优秀书画艺术等方面，有着非常重要的专业地位，被人们誉为“东方艺术奇葩”。

荣宝斋的前身是创办于康熙十一年（1672 年）的松竹斋南纸店，光绪年间，松竹斋经营步履艰难，难以维持下去，东家张氏聘请与官宦仕场交游甚广的庄虎臣出任松�斋的经理。庄虎臣为摆脱松竹斋经营的窘状，与东家商议后，在琉璃厂另购店铺，

20世纪20年代荣宝斋的门脸（首图供稿）

在清光绪二十年（1894年）开办新店，以“以文会友、荣名为宝”之意将店名定为“荣宝斋”，当时的店招由同治年间状元陆润庠题写。新开办的荣宝斋专门经营南纸、文房四宝、信笺诗笺、字画碑帖等。由于庄虎臣打理的荣宝斋在字画经营上颇具名望，成为京城文人雅士流连场所，无数名流贤达光顾此处，留下墨宝名作，并且把这里视为文人雅士沟通交往的“沙龙”。从此，荣宝斋的业务有了很大的改观，除了提高南纸的质量之外，还积极拓展高级文房四宝、笺纸等方面的经营业务。民国建立后，荣宝斋还分别在上海、南京、天津、汉口等地开办分号。民国二十二年（1933年），荣宝斋又大力发展木版水印，设立专门的作坊，将刻版、刷印、折裁组合在一起，选材、制作更为精致，印品的艺术效果更趋于完美。像《七十二候诗笺》《二十四节令封套》、翁同龢的

荣宝斋万金老账本

荣宝斋新记门面

梅花屏条以及鲁迅、郑振铎整理编选的《北平笺谱》等都是这段时间荣宝斋的代表之作。鲁迅先生曾赞誉荣宝斋的笺纸为诸店肆中的“白眉”，其他店肆是无法比拟的。20世纪40年代末，由于历史的原因，荣宝斋的经营再一次陷入困境。1950年，应荣宝斋的请求，国家出版总署以公私合营的方式接管了这家具有数百年的文化老店，为与老荣宝斋有所区别，特意改为“荣宝斋新记”，后又恢复了“荣宝斋”的字号，继续经营字画、文房四宝等艺术品。今天，荣宝斋已经成为闻名中外的老字号，它不仅仅经营名人书法字画、金石篆刻、信笺宣纸等，还在字画装裱、木版水印等方面具有极为精湛的技艺，享誉海内外。同时，它在历代名人字画和文房四宝精品的收藏上，形成了一定的规模，并以其丰富的收藏而被人们称之为“开放的博物馆”和“东方艺林奇葩”。

文化连带经营

琉璃厂街，之所以被誉为中国传统文化的窗口、京城文化之街，就在于琉璃厂为了满足文人雅士、达官显贵和诸多市民的文化需求，自发地在这条街上形成了类别丰富、门类齐全的连带性经营的文化服务行业。

琉璃厂在文化的经营服务方面，门类齐全，服务周到，不论是文人雅士、达官显贵，还是留京候补的官员、赶考举子，都可以在逛厂肆时享受到自己最为满意的文化消遣。

琉璃厂以书肆业、古玩业、南纸行三大行业为主体，同时也聚集了销售碑帖的法帖铺，刊刻书籍的刻书坊，经营首饰珠宝的首饰铺，刻印图章的刻字铺，装裱字画的裱画店，订制礼盒或收藏古董、字画的锦盒店，制作和销售各类毛笔的湖笔店，出售乐器的竹琴行等店铺。还有为他人代写代刻碑文的、销售墨汁墨盒的、修复仿制古玩的、装订修补古书的、卖眼镜的、为他人画像的、补配镜框的，等等。甚至有为各地进京赶考举子入住会馆而卖铺盖卷、取暖的火炉烟囱的店铺以及照相馆、卖冷饮蜜饯的商铺。

民国时期琉璃厂的裱画铺（选自《洋镜头里的老北京》北京出版社）

其门类之多、包含之广，令人叹服。这些文化经营门类，虽然不能成为一个大的行业，但也是琉璃厂文化街的一项文化服务行当，有的单独开店设肆，有的就附着于其他的店铺之中，像古书装订修补一般就是作为古书肆经营服务门类之一附属于古书铺，古董的修复和仿制往往也是依附于古玩店中。当然也有的手艺人就在自己的家中承揽活计，为琉璃厂的店铺提供文化延伸服务项目。不论是单独开店设摊，还是附着于其他店铺之中，都是琉璃厂的商贾们根据顾客的实际需要和经营的发展逐渐地调整形成的。琉璃厂自发地形成这样的一个文化连带经营门类和服务项目，使得琉璃厂在京城文化的消费和服务上，具有明显的整体效益和文化消遣氛围，也造就了琉璃厂在京城文化领域的风格和魅力。如今的人们喜好在商业的经营上搞所谓的规划，以种种规划来影响甚至是指导和要求形成“文化一条街”，实际上这样的举措与历史上琉璃厂的发展和经营的规律背道而驰，其结果如何也就不难想象了。琉璃厂的文化连带性经营和服务，丰富了琉璃厂的文化氛围和文化情调。数百年来，人们在津津乐道地回味着琉璃厂的那种韵味，很大程度上在于这里丰富的文化经营、周全的服务氛围所营造出来的文化情调，以至于在京城出现了“逛厂”“逛厂肆”“逛厂甸”等游逛琉璃厂的专用词汇。

琉璃厂的纷繁的文化连带性经营门类，不像古书业、古玩业等行业有体系完整的记载，往往散见于文人的集子或回忆文章之中，但却是琉璃厂颇具诱惑的组成部分。

琉璃厂玩具摊

琉璃厂的刻书坊

琉璃厂的刻书坊有时与琉璃厂的古书店区分明显，其虽然偶尔也销售图书，但所销售的都是顾客委托其所刊刻，并且留给刻书坊的。一般来说，还是以刊刻典籍为业，但从经营规模和刊刻水平看，远远无法与江南的刻书坊相比。其中有的店铺是

雕版

从刊刻缙绅起家的。旧时的刻书坊除在琉璃厂之外，很多都集中在琉璃厂东的杨梅竹斜街，一般大家也将其包含在内，都视为琉璃厂的刻字店铺。

二酉堂：东琉璃厂路南，为明代老字号。老二酉堂创建于明朝末年，中间几易其主，到清代光绪年间，由陈荫堂接办。二酉堂以刊刻普通百姓喜好的戏本、小零本为特色，前店后厂，它所刊刻的图书，书前封面往往题刻“京都老二酉堂”，或在书尾刻“老二酉堂梓行”。其较为著名的刊印本为光绪十五年（1889 年）刊刻的《聊斋志异》朱墨套印，镌刻精美，是《聊斋志异》诸版本中比较出色的。二酉堂一直经营到 20 世纪 50 年代公私合营时期，与新华书店合并。

鸿远堂：位于琉璃厂，乾隆年间开业。曾于乾隆三年（1738 年）刻印过《满汉字书经》，是一种汉、满文对照的应试之书。

鸿远堂刻印的《满汉字书经》

萃文书屋：琉璃厂的萃文书屋在中国古典文学史上有着极其重要的影响，其东家为程伟元，他的最突出的贡献在于以木活字本的形式在乾隆五十六年（1791 年）和乾隆五十七年（1792 年）摆印曹雪芹的《红楼梦》一百二十回。书前有图赞二十四页及图赞序文，封面题刻“新镌全部绣像红楼梦，萃文

木活字版

书屋”，卷末题“萃文书屋藏版”。这就是《红楼梦》版本源流中最为著名的程甲本和程乙本。

文萃堂：位于琉璃厂，开业时间不详，嘉庆六年（1801 年）曾刻有《新刻校正买卖蒙古同文杂字》一书，书中蒙、汉图文对照，三截楼版式，上层、下层为蒙文和汉文的对照文字，中间为图。该书收集了蒙、汉常用会话词语，图书刻印精雅，也便于人们对照阅读。

文楷斋：东琉璃厂路北，光绪年后期有益堂书肆倒闭后将店铺转给文楷斋。文楷斋自同光时期在琉璃厂经营，将有益堂书肆的店铺盘下后，经营规模日渐增长，到民国后更是极为活跃，成为京城最为著名的刻书坊。清末监生、曾任民政部员外郎天津金钺先生（1892—1972 年）民国期间专心著述，先后刊刻《许学四种》等书，均由文楷斋雕版，其《许学四种》目录后刻有“宛平德子元书于天津金氏屏庐文楷斋刻于京师”的字样。文楷斋民国期间先后为金钺刊刻过四种书籍，均为精良刻本，在学术界颇具声望。文楷斋还为著名藏书家、中国银行驻沪监理官及重庆、天津等中国银行分行行长、北京交通银行总经理陶湘刻有《儒学警语》《百川学海》等书，半个世纪以后，位于琉璃厂海王村的中国书店出版社还特意将《百川学海》一书收录在该出版社整理出版的“海王村古籍丛刊”之中。民国二十五年（1936 年），被誉为中国诗坛的马拉美的卞之琳先生的《音尘集》就是文楷斋负责雕版刊刻的，虽然仅仅是试刷了十几册样本，但卞之琳先生很满足，认为算是“过了一回出书的瘾”。周叔弢在民国六年（1917 年）于天

刷印木版书

津购得《寒山子诗》一书，因“世无善本，遂用西法摄影，付北京文楷斋模刻”。著名藏书家、嘉业堂主人刘承干（1882—1963年）也时常委托文楷斋为其刊刻图书。顾颉刚和顾廷龙先生合编了《尚书文字合编》，也是由琉璃厂文楷斋刻字铺摹刻刊行。此外徐协贞《殷契通释》等著作也是在文楷斋刊印。文楷斋经营到20世纪50年代初歇业，所留存的木版存放于京城寺院之中。当时店主家中已经十分困难，其遗孀常用遗存的木版劈柴烧火，被群众发现后报告给政府管理部门。当时由北京市文化局派人予以劝诫，并由北京市文化局的名义将所留存的木版作价收购，交由中国书店管理，曾经一度辉煌的著名的琉璃厂刻书铺终于消亡。

文富堂：位于西琉璃厂，光绪年间开张，专门经营古书之刷印，店主为河北人魏富泰，经营十年左右关张。

本立堂：位于琉璃厂，光绪年间开业，店主为宛平人刘应奎。该店铺为刊刻线装书的店铺，曾承揽柏林寺经卷，由此而发迹。本立堂不仅仅刊刻图书，还承接古旧书的装订修补业务，鲁迅先生就曾经时常让本立堂为其修补古旧书，在鲁迅先生的日记中曾记到：癸丑（1913年）9月14日“上午本立堂书贾来，持去破书九种，属其修治，豫（预）付工价银二元”。10月5日“往本立堂问所订书，大

刷印木版书

半成就。见《嵊县志》一部,附《郯录》,共十四册,以银二元买之,令换面叶重订”。12 月 19 日“下午琉璃厂本立堂书估来取去旧书八部，令其缮治也”。12 月 29 日“晚琉璃厂本立堂旧书店伙计持前所托装订旧书来,共一百本,付工资五元一角五分。惟《急就篇》装订未善，令持归重理之”。前后不过三个多月，鲁迅先生多次委托本立堂装订修补古书，足见这项业务也是本立堂的看家本事。民国二十年（1931 年），由刘应奎之徒孙承源经理业务，到民国三十三年（1944 年）后改由刘应奎之子刘若松自己打理店铺生意，前后共经营四十余年。

萃元斋：位于琉璃厂，为民国年间开设的刻字铺，匾额为吕锦文所书。

漱润斋刻字铺：琉璃厂中间路北，曾刻经卷，所刻经卷版存于该店铺。

会文斋刻字铺：位于琉璃厂东门外桶子胡同，道光年间已经开始经营，清光绪年间开业的文昌馆内会文斋书肆与其重名，道光十五年（1835 年）曾刊刻《阴骘文图说》一书。

龙云斋刻字铺：位于琉璃厂东门外路北，光绪十六年（1890 年）曾刊印《太上感应篇图说》。

永盛斋刻字铺：位于琉璃厂东的杨梅竹斜街，光绪年间开业经营，曾为居士刊刻经卷。

龙光斋刻字铺：位于琉璃厂东杨梅竹斜街，光绪年间曾刊刻医书多种。

琉璃厂的碑帖铺

琉璃厂的碑帖铺在这条文化街上是一个相对独立的经营行当，它的经营界乎于书肆和字画铺之间，专门经营历代碑帖、摹刻的丛帖等书法碑帖作品，是文人学士最喜欢光顾的店铺之一。琉璃厂的碑帖铺所经营的一般是历朝各代流传下来的碑帖，一般为经折装，考究一些的有木制夹版。法帖铺中，既有宋、元、明、清拓本，也有摹刻的成套丛帖，有的丛帖在书法艺术的发展上有着很重要的影响。此外，从各地或民间收购上来的石碑、石刻、造像、吉金等拓片也是法帖铺经营的主要项目之一，其所经营的有的是流传已久的旧拓碑帖，也有碑帖是铺碑店派人到各地新拓印的碑帖拓片，既有从原碑上捶拓下来的，也有根据翻刻的重拓出来的。琉璃厂的法帖铺在历史上记载的不是很详细，没有比较完整的记录资料，只能从文人的集子或者书话、题跋中搜求资料。数百年来，琉璃厂的法帖铺见诸文字的有数十家。

琉璃厂碑帖摊（首图供稿）

德古斋:是一家在琉璃厂经营较早的碑帖铺,咸丰五年(1855年)山东德平人宋氏开设。光绪年间宋氏第二代接替经营,到了光绪三十三年(1907年),宋家第三代宋伯衡继父业经营店铺生意。

敦古谊:位于琉璃厂,民国元年(1912年)河北枣强人胡玉甫开设。

隶古斋:位于琉璃厂,同治三年(1864年)由河北衡水人杜可亭开办,店铺的匾额为祁寯藻所题写。经营数年后,其子继父业继续经营。光绪二十八年(1902年)杜氏不再经营,改由河北南宫人李明斋经理店铺的业务。民国十一年(1922年)又由李明斋之徒程汇泉经理。

庆云堂:位于西琉璃厂路南,是一家以经营碑帖为主的老字号,光绪三十年(1904年)由陕西郃阳人杨氏开办,其店铺匾额由李鸿章、陆润庠分别题写。民国初年,庆云堂由曹子芳经营。民国十九年(1930年),庆云堂转手给张彦生经理,依旧以经营历代碑帖为主。张彦生经营碑帖在琉璃厂乃至京城颇具名声,由于他早年在琉璃厂的碑帖老店隶古斋学徒,在碑帖的拓、裱以及碑帖的鉴定上颇有造诣,再加上其结识了许多收藏碑帖的名家,使之在碑帖的业务方面有很大的成就。他在独立经营庆云堂期间,足迹遍及全国,收购了大量

庆云堂店铺

的珍贵的碑帖，包括端方、陈簠斋、王绪祖等人的藏品，多为其提供。这使得他在琉璃厂的碑帖业务方面具有较高的声望，也显示出他在这方面的实力。1956 年，张彦生随着公私合营的改造，进入北京市文物商店，先后任该商店的门市部主任和采购部的主任，还被聘为中国历史博物馆顾问、国家文物局咨议委员会委员，1982 年去世。叶祖孚先生在其《琉璃厂杂忆》一文中曾记述道："庆云堂是厂肆有名的碑帖店，我用几角钱在那里买过一本残破的《麻姑仙坛记》碑帖，一直使用至今。"1984 年琉璃厂改造后，庆云堂成为以经营历代钱币为主的钱币商店。

郭沫若题写的庆云堂匾额

墨因簃：位于琉璃厂，民国二十年（1931 年）开办，由新河人张杰臣经理。

如古山房：位于琉璃厂，民国二十年（1931 年）由河北冀县人陈仰山开设。

墨林堂：位于琉璃厂，民国二十年（1931 年）由河北枣强人王凤梧开设。

笃古斋：位于琉璃厂，民国二十九年（1940 年）河北枣强人马重伯开设。

富华阁：位于琉璃厂，咸丰年间由河北冀县人王华亭开办，店招延请林凤官题写。光绪年间，王华亭之子王麟甫接替经营。

怡墨堂：位于琉璃厂，光绪二十年（1894 年）由河北衡水人阎筠亭开办，其店铺招幌由盛昱题写。

墨妙斋：位于西琉璃厂路南，原为文贵堂书肆旧址，光绪三十二年（1906 年）山东德平人李彩臣将文贵堂书肆店铺买下，开设墨妙斋碑帖铺。

观复斋：位于琉璃厂西街，民国三十一年（1942 年）由新河人张杰臣开设。张杰臣原经理墨因簃，十余年后自己开设观复斋，专门经营碑帖，同时也修补历代藏帖，曾经为张伯英重新装补元拓本《乐善堂帖》。1956年观复斋公私合营后并入北京文物商店。

观复斋匾额

石墨斋：位于东琉璃厂，原为宝华堂书肆，民国三十五年（1946 年）河北枣强人危立昌盘下宝华堂书肆的店面，开设了石墨斋碑帖铺。

宜古斋：位于琉璃厂，咸丰十年（1860 年）开业，创业店主已无明确记载。到光绪二十八年（1902 年）河北深县人朱寿昌接手继续经营，并请陈孚恩题写店招。经营数十年后，民国二十八年（1939 年）改由冀县人郑让卿经理店铺生意，仅仅两年，民国三十年（1941 年）转手给乔笃堂经营。

古雅斋：位于西琉璃厂路南，原为益文堂书肆店铺，光绪年间宝坻人徐蔼轩将益文堂书肆店铺盘下后开办古雅斋碑帖铺，未几徐蔼轩之兄徐少唐接替徐蔼轩经营。

访古斋：位于琉璃厂，光绪年间武清人赵金城开设。

文林阁：位于琉璃厂，光绪年间由山东德平人宋氏开设，详情已无处考据。

澄清阁：位于琉璃厂，为河北冀县人杜氏开设。杜家一门数人经营碑帖，在碑帖的鉴定和经营上颇有造诣。

琉璃厂的杂项经营

琉璃厂文化街文化连带性经营极为丰富，门类也很多，除了前面所谈到的书肆业、古玩业、南纸行以及刻书坊和碑帖铺，还有众多其他门类的文化经营服务项目，如刻字、裱画、墨盒、图章、笔、墨等。琉璃厂裱画铺招幌这些行当繁多、服务周全的店铺或手艺人，通过他们的经营，让琉璃厂的文化内涵更加的深厚，并作为琉璃厂文化街的组成部分，充分满足了人们在文化消费和文化休闲的不同的需要。没有这些门类繁杂的文化经营活动，琉璃厂的文化情调也就不会如此的诱人，更不会为文人学士提供一个流连忘返的文化活动空间。需要说明的是，在谈及琉璃厂的文化经营和服务杂项时，很难像书肆业、古玩业、南纸行那样比较完整和相对系统地介绍其所形成的店铺，有的有店铺，有的是依附于其他行业的店肆之中，也有的干脆就是在家里接活儿的手艺人。所以，这部分的表述也就难以按照一致的撰写体例陈述，有的是店铺的介绍，有的则是一个行当或者一个人、一件事情。实际上这正是琉璃厂的一个突出的文化经营特点，一种自发的、松散的、极为适应文化需求的文化经营和服务格局。

琉璃厂裱画铺招幌

一得阁：是琉璃厂最为著名的老字号店铺，为谢松岱于清同治四年（1865 年）所创。琉璃厂流传的说法是谢松岱当年从南方进京赶考，考场之上举子们都是使用毛笔书写，需要事先研墨，考场之上一片研墨之声，耗费了考生们的宝贵时间。谢松岱虽然落第，但由此而有触动，于是便着手尝试着用墨汁来替代墨块，让参加会试的举子们免去研墨之累。经过他的反复尝试和摸索，终于用浸泡墨块的方法直接生产墨汁，便于人们使用。他带着自己研制出来的墨汁，到贡院的考场前向参加会试的举子推销，大受人们的喜爱，他研制的墨汁逐渐打开了销路，他也积累了一定的资金。同治四年（1865 年）谢松岱在琉璃厂置办了一座二层小楼，开设了一家前店后厂的店铺，自产自销墨汁。谢松岱亲自题写了店名“一得阁”，并书写了一副

一得阁匾额

藏头联：“一艺足供天下用，得法多自古人心。”在琉璃厂由店主自己为店铺题写匾额，一得阁还是第一家，这块牌匾一百三十多年来一直保存完好，悬挂至今。

戴月轩湖笔店：位于琉璃厂，是一家最具名望的老字号店铺，其店铺的创始人为浙江湖州人戴斌。戴斌，字月轩，自幼便学会了制作湖笔的手艺，最初他在贺连青笔庄制作毛笔，制笔的手艺出众，民国五年（1916 年）他自立门户，在琉璃厂盘下了一家店铺，以自己的字命名，创立了戴月轩笔庄，主要经营湖笔。琉璃厂的老字号以个人名字命名的，现在只有戴月轩一家。戴斌与京城高官显贵交往很多，所以他的店铺匾额特意求北洋时期曾任大总统的徐世昌题写。戴月轩所制作的毛笔保持着传统湖笔的制作标准，

毛笔的做工精细，具有“提而不散，铺下不软，笔锋尖锐，刚柔兼备”的特点，以尖、齐、圆、健的制笔“四德”著称于琉璃厂。同时他又在笔杆上下功夫，镶嵌上象牙、牛角等高级材料，并镌刻上优雅的字体，使得戴月轩所制作的湖笔显得古雅、秀美，既是书写工具，又是赏心悦目的艺术品。正是由于戴月轩在湖笔的制作上做工考究，吸引了很多文人墨客慕名而来，鲁迅先生在北京居住期间，就时常到戴月轩选购毛笔。

哈记风筝铺：哈记风筝铺为京城著名的制造风筝世家哈国良

今日戴月轩

创办，位于琉璃厂中间路北仁威观内。哈国良原为清末京城的一名泥瓦匠，其家住在琉璃厂一带，因冬天活计甚少而常有闲暇，便开始琢磨做风筝。哈国良心灵手巧，又极为上心地琢磨，因此所制作的风筝小巧玲珑，别有风韵，深受逛厂肆的文人雅士喜欢，慕名而来购买者甚多，于是哈国良便在琉璃厂开设了哈记风筝铺。据孙殿起的《琉璃厂小志》记载："近数十年，以哈记制售之风筝最著。"哈国良经营数年后，将制作风筝的技艺传授给了儿子哈长英。1915 年在巴拿马万国博览会上，由哈国良制作的"蝴蝶""蜻蜓""仙鹤""花凤"四只软翅风筝，荣获银质奖。哈记风筝驰名京城，哈国良也成为京城最著名的风筝艺人。哈家几辈艺人代代相传，并经过对风筝的制作手艺的继承、创新和发展，形成别具特色和很典型的艺术风格的京城"哈记风筝"。

哈氏风筝图样

信远斋：位于东琉璃厂路南，是琉璃厂文化街上少有的销售酸梅汤、雪梨膏、果圃蜜饯的饮食铺。信远斋的起源，记载上颇有相互矛盾之处。相传乾隆年间一刘姓小商贩因有亲友在宫中为太监，传出宫廷饮料配方，刘姓小贩按照其配方制成了桂花酸梅汤出售，很受人们的欢迎，被誉为“清宫异宝”“御制乌梅汤”，乾隆五年（1740年）便在琉璃厂开设了信远斋。也有记载说咸丰年间河北衡水人萧氏开办信远斋。两种传闻差异极大，但有一条众人皆承认，到同治、光绪年间，信远斋在琉璃厂以销售酸梅汤、蜜饯、糖粘、酸梅卤、秋梨膏等而闻名京城。信远斋的酸梅汤存放在青花瓷坛内，瓷坛之外用一木箱盛放，周围有天然冰镇着，盛夏季节，文人雅士游逛厂肆疲倦之时，买一碗酸梅汤，入口时让人感到酸、甜、香、凉，沁人心脾，这成为清末民初人们游逛琉璃厂的一个深刻的记忆，很多文人在自己的文章中时常以浓重的笔墨眷顾着那回味无穷的感受。信远斋除了酸梅汤以外，还经营蜜饯红果、蜜饯海棠、蜜饯酸梅卤、蜜饯杏干、果脯、酸梅卤、秋梨膏等，在京城成为别具特色的干货小吃，民国八年（1919年）信远斋的果脯蜜饯曾荣获国际巴拿马博览会金质奖。鲁迅先生日记中常提到他到信远斋买果脯蜜饯，京城文化界名人，像齐白石、梅兰芳、老舍等人都曾经是这里的常客。据说伪满洲国皇帝溥仪在东北时还念念不忘信远斋的果圃蜜饯，曾经派人跑到琉璃厂信远斋为其购买蜜饯和酸梅汤。日伪统治北平时期，信远斋的经营渐渐地衰落，到1949年前夕，信远斋关门歇业。

1956年，为保护和恢复老北京的名特产品，在周恩来总理的关怀下，恢复信远斋老字号和传统食品工艺，但“文化大革命”期间又再次中断，信远斋被并入北京东城区食品厂，后更名为益都食品厂。1984年琉璃厂改建后，又恢复了信远斋食品厂，并于次年在东琉璃厂重新设立信远斋蜜果店，但近些年恢复的信远斋蜜果店又改营其他。

丰泰照相馆：店设在琉璃厂土地祠，这是北京城最早的照相馆之一，创办人任庆泰，字景丰，沈阳人。任庆泰年轻时在奉天（今沈阳）一家照相馆当伙计，开始学习照相和相片洗印技术，同光年间，他去日本深造。光绪十八年（1892 年）他回国后选择了琉璃厂的土地祠开办照相馆。其大概位置应该在今天的琉璃厂一得阁楼前的停车场一带。照相馆的字号取名“丰泰”实际上是从他的字和名中各选了一个字作为开张的照相馆的字号。自己经营照相业，拥有照相技师和学徒十余人，还兼营照相器材，使得这里成为京城非常时尚的照相器材店铺。光绪三十一年（1905 年），是著名京剧演员谭鑫培的 60 寿辰，丰泰照相馆和谭鑫培联系，为他制作京剧电影。谭鑫培在镜头前表演了自己最拿手的几个片断，丰泰照相馆的技师刘仲伦在照相馆的院中连续拍了三本胶片，第一部中国电影《定军山》在琉璃厂诞生。摄制《定军山》之后的任景丰还拍摄了《青石山》《艳阳楼》《纺棉花》等戏曲的片段。任景丰除经营照相馆以外，还投资开设了大观楼影戏园，即文明茶园，是中国最早的电影放映机构之一。宣统元年（1909 年），丰泰照相馆遭受火灾，任庆泰的经营活动就此终止。没多久便回到沈阳老

任景丰像

家，民国二十一年（1932年）去世。

守真照相馆：琉璃厂还有一家照相馆，在中国近现代史上留下了一笔精彩的记录，那就是东琉璃厂路北火神庙口的守真照相馆。清末，同盟会在举行多次武装起义失败之后，决意以血的代价与清朝统治者进行誓死的抗争。当时同盟会决定在北京刺杀摄政的醇亲王载沣。宣统元年（1909年），同盟会革命党人黄复生来到北京，在琉璃厂火神庙开设了一家照相馆——守真照相馆，作为掩护革命的据点。当时在守真照相馆里，只有三个人，一个是黄复生，一个是汪精卫，还有一个王姓的北京人。宣统二年（1910年）三月的一个深夜，汪精卫与喻培伦、黄复生在摄政王载沣每日进宫的必经之路什刹海旁的银锭桥下掘坑埋炸

谭鑫培《定军山》剧照

弹，当他们在桥下掘土时，惊动了周围住户养的狗，犬吠声四起，他们不得不停了下来。次日晚他们又去埋设炸弹，刚刚将炸药埋好就被发现，事遂败露。黄复生、汪精卫等人被捕入狱。在琉璃厂火神庙开设的守真照相馆也被查封，它成了琉璃厂上经营时间最短的一家照相馆。

琉璃厂文化街上所经营的店铺门类，除了书籍、字画、古玩一类之外，其他的店铺类别一般的多与文人的生活有着密切的联系，或者是当时在文人之中是颇为时尚的，像眼镜铺、钟表铺等。比如在琉璃厂东门路南有徐润斋眼镜铺，琉璃厂东门内路北有道光年间由陈氏开设的万元眼镜店，该店铺门口的门联别有风趣，曰："万象峥嵘新眼界，元龙品概古胸襟。"此外，琉璃厂东门内路北还有清末民初开业的瑞兴斋钟表修理铺，兼营收售旧钟表和怀表等。

民国时期海王村院内的铸新照相馆

文人名士与琉璃厂

琉璃厂文化街特有的文化功能和文化氛围，使它成为各个时期文人雅士流连忘返的“安身立命之所”。琉璃厂的各个店铺十分注重与文人学士的交往，“以书会友”“以珍奇揽人”成为琉璃厂各个店肆良好风尚和经营传统。

历代文人学士把逛琉璃厂视为一种高雅的文化享受。许多文人称书肆店员为“书友”，称古玩行的经营者为“年兄”。清前期，孙承泽、王士禛、孙星衍、朱彝尊、李渔、纪昀等人都是古旧书肆的常客。琉璃厂文化街的形成，与这些文人学士有着诸多直接的关联。乾隆年间开“四库馆”，参加编修《四库全书》的编修官们几乎每日都到琉璃厂书肆搜购书籍。这样的记载，时常见诸历史文献。清末民初，不论是清朝的遗老遗少，还是倡导新政的改良派，在政治上和思想上总是针锋相对，可在对待琉璃厂的问题上却不约而同。所以琉璃厂有死抱着前清政权阴魂的保守者题写的店铺匾额，也有倡导改良的梁启超开办的长兴书局，二者相安无事，同处于一个街区上。这就是琉璃厂的文化魅力，同时也让文人将其视为自己在京城文化活动中的自由空间。清代学者潘际云在他的《清芬堂集》中有这样一首诗：

细雨无尘驾小车，厂桥东畔晚行徐。
奚童悄向舆夫语，莫典春衣又买书？

这首诗极为形象地描绘了文人学士对琉璃厂的眷恋和对书籍的痴迷，也透视出琉璃厂对文人雅士的诱惑力。琉璃厂为此留下了无数的文人名士的足迹，也流传着他们的趣闻和轶事。

谈到文人名士在琉璃厂交往，首推就是李文藻。李文藻（1730—1778年），字素伯，号南涧，山东益都人，清乾隆二十六年（1761年）进士，官至桂林府同知。李文藻喜好访求散帙而配备成套，在典籍的搜求上颇有建树，藏书颇为丰富，达数万卷之多。甚至有时为了买书，竟典当衣物，是历史上有名的书痴。乾隆己丑（三十四年，1769 年）李文藻在京候缺，住在琉璃厂附近的百顺胡同近半年的时间。闲暇时间，他以抄书和到琉璃厂各个书肆访书为乐。其自述说：“此次居京师五月馀，无甚应酬，又性不喜观剧，茶园酒馆，足迹未尝至；惟日借书钞之，暇则步入琉璃厂观书。虽所买不多，而书肆之不到者寡矣。”当然，由于他以琉璃厂书肆为徘徊之地，以淘书为乐，收获自然很大，他曾记述说：“乾隆己丑（1769 年）……夏间从内城买书数十部，每部有‘楝亭曹印’，其上又有‘长白敷槎氏堇斋昌龄图书记’。昌龄官至学士，楝亭之甥也。”是年十一月，李文藻离京赴任，路途之上“长夜不能寐”，对自己在琉璃厂书肆的游逛回味不已，寂寥和眷顾之中，便将其逛琉璃厂书肆一一记录，同时也记录了琉璃厂文化经营的许多细节，为后人留下了著名的《琉璃厂书肆记》，也成为后人研究琉璃厂发展的重要的文献资料。

较为详细地记述琉璃厂的文化经营活动和书肆的买卖状态的第二人是清代末期的著名藏书家缪荃孙。缪荃孙（1844—1919 年），字炎之，又字筱珊，江苏江阴人。为光绪二年（1876 年）进士，曾任翰林院翰林、国史馆编修，历主江阴南菁书院、济南泺源书院、江宁钟山书院讲席，先后担任江南图书馆和京师图书馆监督，是我国近代图书馆的创建人之一，也是著名藏书家和版本学家。缪荃孙与琉璃厂有着极为密切的联系，同治六年（1867 年）缪荃孙进京，他前后在京寓居数十年，琉璃厂成为他最为留恋的活动之地。清末民初的琉璃厂书肆和古董店到处留下了他的足迹，每每到一店铺就久久徘徊，在书肆中怡然自得地淘书，并与琉璃厂的书商结下了不解之缘。宣统三年（1911 年）辛亥革命爆发，缪荃孙离开北京到上海居住。虽已远离京城，但是盘桓在琉璃厂的那种怡然自得的情形历历在目而使他无法忘却，因此他仿照着李文藻撰写的《琉璃厂书肆记》，写下了《琉璃厂书肆后记》。用他的话说："忆昔太平盛世，士大夫之乐趣，有与世人异者，因作《琉璃厂书肆后记》，为李南涧大令之继。"缪荃孙在《琉璃厂书肆后记》中将同治到光绪年间的琉璃厂的书肆逐一记录，对具有一定的经营特点的店铺记载得颇为详尽，成为继李文藻之后第二位详细记录琉璃厂书肆的学者，为我们今天研究琉璃厂的发展留下了宝贵的文献资料。

当然，更多的学者或者社会名流在琉璃厂留下了大量的轶事，显示出琉璃厂的文化商贾和文人学士的天然的联盟关系以及对琉璃厂文化氛围的眷顾。甚至有的文人或社会名流直接介入琉璃厂文化街店铺的经营，有的为各个店铺题写店招、门楹，有的还自己出资，开办书店或古董店。像孙殿起的通学斋就是由著名藏书家伦哲如出资开设的，海王村公园内的长兴书局是由梁启超出资兴办。像这样由社会名流出资开设的书肆或古董铺在琉璃厂比比皆是。琉璃厂已经成为京城文人雅士和社会名流的活动中心，无论是文人学士、黎民百姓，还是高官显贵、王公大臣，都可以在琉璃厂发现他们的足迹，留下了一段又一段的轶事趣闻。

清后期曾任尚书的端方，也是琉璃厂的常客。有一年他奉旨到盛京办差，与盛伯羲、王莲生同往，办差之中一次偶然听见盛伯羲、王莲生谈论碑帖，便好奇地打听，不料盛伯羲、王莲生二人对端方颇为不屑，奚落端方只知道饮酒作乐而已。端方愤而拍案，称："三年以后再见。"从此决意钻研碑帖，他来到琉璃厂，向琉璃厂精通碑帖的商人李云从请教，并与之结拜为兄弟，几年后便在碑帖方面颇有造诣，成为研究碑帖的专家。

近代著名学者翁同龢、潘祖荫、李文田、王懿荣等常以琉璃厂的书肆、古董店为聚会场所，看书赏画、吸烟品茶、闲聊杂谈，成为一种风气。高兴之余，便为店铺题诗写匾，琉璃厂店铺的牌匾很多都出自名家之手，为当时名人或社会显贵所题。翁同龢题写的有"茹古斋""宝古斋""尊汉阁""赏奇斋""秀文斋"等，潘祖荫题写匾额的有"宝森堂""韵古斋",李文田所题写的有"翰文斋""聚古堂""勤有堂"。此外，陆润庠题写过"荣宝斋"，康有为题写的"长兴书局"，梁启超题写的"藻玉堂"，曾国藩题写过"龙威阁",徐世昌所题"戴月轩""静文斋",姚茫父题写的"邃雅斋""瀛文斋"，等等。琉璃厂各个店铺之所以悬挂这些社会名流和达官显贵题写的匾额，无非是炫耀自己店铺，以此招揽顾客。但从另一个方面也看出了琉璃厂各个店铺与文人雅士、社会名流的那种密切的交往和联系。

北京政府时期被"安福国会"选为大总统的徐世昌，和琉璃厂也有着千丝万缕的联系。徐世昌早年清贫，被迫到河南开封等地教私塾，偶遇袁世凯。袁世凯与他交往，认为徐世昌颇有潜力，便资助他进京考举人，徐世昌果然中举，又考取进士，在翰林院

新春厂甸南新华街上的书画摊

做编修。后随袁世凯在小站练兵，成为袁世凯的重要的谋士，跟随袁世凯左右。后在袁世凯的保举下一路迁升，先后任兵部侍郎、军机大臣、巡警部尚书等职，民国时期又任国务卿，1918年他出任北洋政府的大总统，1922年下台后寓居天津。其下台后，常在琉璃厂的清秘阁、荣宝斋等店铺挂笔单，以显示他的文人本质和宦游回归之意。他在琉璃厂的字一般落款为“水竹邨人”，所定“润例”极高，让一般的顾客望而却步，但是琉璃厂的南纸店还是很愿意挂他的字。徐世昌对琉璃厂有一种难以割舍的文人情怀，也与这里的许多店铺交往较多，也正是因为这个“琉璃厂情结”的驱使，他为戴月轩、静文斋题写店铺匾额，直接落“徐世昌”款，而且分毫不受笔润。

北洋时期的“吴大帅”吴佩孚也同样与琉璃厂有着关联。在琉璃厂南侧不远的南新华街路东有个长春会馆，里面有几家书肆和玉器店,院子的门额上,就是“吴大帅”题写的“玉器长春会馆”门额。

我国近现代著名藏书家伦明先生，对琉璃厂也是情有独钟，甚至在琉璃厂留下了“破伦”的绰号。伦明，字哲如，广东东莞人，光绪二十七年（1901 年）中举。伦明嗜书为命，在目录学领域具有很高的造诣。民国五年（1916 年），伦明被聘为北京大学文学系教授，他常年盘桓于琉璃厂，终日沉醉在淘书的乐趣之中。每每到琉璃厂，总是一席破旧的大衣，足蹬旧鞋袜，一副不修边幅的样子，所以琉璃厂的书肆店主和伙计们给他起了一个绰号“破伦”。在生活上，伦明也不像他人喜于交际，埋头淘书、看书，他家里的用人曾与琉璃厂书肆伙计说：“我家主人犹似无主之人，时食残羹剩饭，身着破衣烂履而不以为然也。”但是伦明好书之心依旧不改，大小书铺都被他踏破了门槛，甚至连独自夹包袱皮做古旧书买卖的，或者走街串巷的小书贩子都和他相识。一次伦明听说琉璃厂晋华书局新近购进一批图书，兴致勃勃跑去挑选。他看收购的书单子上有一本《倚声集》，便想要此书，店主告知该书被店里的伙计拿着给他人府第送去，伦明焦急万分，赶紧乘洋车赶到那家，在宅门外等着送书的伙计，不等伙计进他人的宅门，便将所喜好之书半路“打劫”。民国二十六年（1937 年），伦明南下广州就任岭南大学教授，但依然与琉璃厂书肆保持着密切的联系，委托琉璃厂书肆为他选书购书。伦明与孙殿起交往甚是亲密，孙殿起经营的通学斋就是伦明出资在琉璃厂开办的，其并不企盼着为其谋利，就是为了更便于找书。他曾在《辛亥以来藏书纪事诗》称颂说“后来屈指胜蓝者，孙耀卿同王晋卿”，并特意注释说：“故都书肆虽多，识版本者无几人，非博览强记，未足语此。余所识通学斋孙耀卿、文禄堂王晋卿二人，庶几近之。

孙著有《贩书偶记》《丛书目录拾遗》，王著有《文禄堂访书记》，皆共具通人之识，又非谭笃生、何厚甫辈所能及矣。”其与琉璃厂的渊源之深，由此可见一斑。

我国著名藏书家、目录学家，曾任北洋政府教育总长的傅增湘先生与琉璃厂店肆往来也极为密切。傅增湘先生为四川江安人，字淑和，号沅叔，清末进士，曾任翰林院编修、北洋女子师范学堂总办、直隶提学使、宪政编查馆谘议官等职。宣统三年（1911 年）曾经担任北方议和总代表唐绍仪的顾问，参加南北议和，后出任北洋政府教育总长。傅增湘先生一生以藏书为乐，藏书近二十万卷，校书一万六千余卷。因藏有两部珍贵的《资治通鉴》，就把藏书处命名为“双鉴楼”，著有《藏园群书题记》《藏园群书经眼录》《藏园老人遗墨》等著作。这样一位著名的藏书家、校勘学家和目录学家，琉璃厂当然成为他经常光顾的地方，无论是书肆还是古玩店，都竭力与傅先生交好，交往之中，傅增湘还有过一次有惊无险的趣事。傅先生于民国七年（1918 年）以大洋一千四百元购到一部宋版《乐府诗集》一百卷二十四册。傅先生视为珍宝，秘不示人。但因此书年代久远，污损日增，需要加以整理修补。傅增湘将书送至琉璃厂文友堂，由其代寻古书装订修补高手进行整理修补。文友堂与傅先生交往极为密切，其店铺匾额之一就是傅先生墨宝，店主自然不敢怠慢，请琉璃厂古书装订修补高手王仲华承担此活。王仲华受人重托，格外卖力地修补，除将书页一一修整之外，还想用家藏的高丽苔笺纸加染靛蓝，用作书衣。如此精细的修补，王仲华将傅先生的宋版《乐府诗集》带回家中，慢慢地精工细琢，时间也就拖了些时辰。好不容易修补完毕，王仲华本想将书送回文友堂，正好当日友人邀其小聚，饮后又即兴而游戏，回来时天色已晚，书也就没有送回去。岂料当晚文友堂走水，店铺及所存书籍皆被焚为灰烬。次日傅增湘惊闻文友堂失火，大惊失色，不禁顿足长叹，万万没有想到文友堂会遭此大劫，认为《乐府诗集》也化为灰烬。傅增湘匆匆赶到琉璃厂，在松筠阁见到死里逃生的文友堂店主魏笙甫，方知其《乐府诗集》因王仲华昨日与朋友小饮而未将书送回，转忧为喜，庆幸垂毁之物完璧而归，可谓有惊无险。

近代著名书画家、鉴赏收藏家周肇祥先生也是琉璃厂的常客之一。周肇祥（1880—1954 年），字嵩灵，号养庵，别号退翁，为浙江绍兴人，清末举人，肄业京师大学堂。民国时，他先后任四川补用道、奉天劝业道、署理鉴运使、临时参政院参政、葫芦岛商埠督办等职。还一度任湖南省长，没多久辞职回到北京，任清史馆提调、北京古物陈列所所长。他晚年任团城国学书院副院长，以传授金石书画为主。周肇祥喜好收藏文物，他的藏品很多来自琉璃厂，曾治一收藏印，曰“周肇祥小市得”，以此表明其收藏之好。周肇祥先生美须髯，琉璃厂各店肆戏称“周大胡子”。周肇祥虽时常盘桓于琉璃厂，但他对价昂的文物珍品也往往望而生畏，于

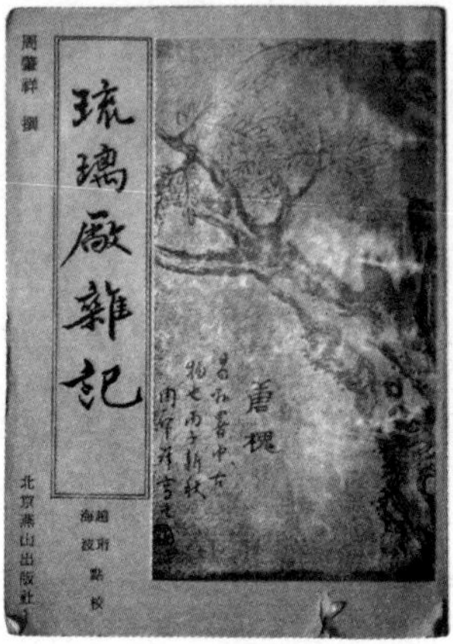

周肇祥撰《琉璃厂杂记》

是便将其逛琉璃厂以及所见古玩一一记录,汇集为《琉璃厂杂记》。《琉璃厂杂记》是第一部较为详尽的记载琉璃厂古玩行经营古董、文物的典籍，他虽然是以杂记的方式记载，当为后人研究琉璃厂古玩行的状况提供了直接的参考资料。1995 年赵珩兄和海波先生合作将此书点校，并由北京燕山出版社出版，为人们留下了一本研究琉璃厂的重要文献。

鲁迅先生寓居北京十四年中，也与古旧书肆结下不解之缘，从他的日记中统计，在琉璃厂访书购物达 480 次之多，先后购买 3800 多册（部）图书、碑帖，当时的来薰阁、通学斋、有正书局、直隶书局、商务印书馆、神州国光社等都留下了鲁迅先生的足迹。鲁迅先生不仅是文学巨匠，也是一个碑帖、刻石画像等方面的收藏爱好者，他一生收藏的碑拓达 6000 多幅，各类刻石画像也有六七百幅，其中很大一部分是从琉璃厂购买的。和他人收藏和喜好碑帖不同，鲁迅将碑拓上的文字以及刻石上的画像等作为历史资料来加以研究，尤其是表现游猎、征伐、宴会和车马仪仗等内容的图画，更是格外的垂青，认为是研究史实的真实的资料。鲁迅先生在民国四年（1915 年）4 月 25 日的日记中曾写道：“往琉璃厂买《射阳石门画像》等五纸，二元；《曹望憘必需品造象》拓本二枚，四角。”6 月 13 日记载：“往琉璃厂买《赵阿欢造象》等五枚，三角。又缩刻古碑拓本共二十四枚，一元。帖店称晏如居缩刻，云出何子贞，俟考。”同年 8 月 3 日记载：“下午敦古谊帖店送来石印《寰宇贞石图》散叶一分五十七枚，直六元。”11 月 20 日又记载道:“在敦古谊买《爨宝子碑》等拓本三种，三元。”我们只是随手摘录了鲁迅先生日记中的几条，就可以看到他与琉璃厂诸店铺有着如此密切的交往。此外，鲁迅先生对琉璃厂南纸店销售的各种笺纸评价极高，也注意收藏。鲁迅先生在民国二十一年（1932 年）再次来到北平后，曾专门到琉璃厂各家南纸店收集诗笺。他极力推崇琉璃厂南纸店销售的笺纸，而且为人们渐渐地淡忘笺纸而忧虑，担心笺纸会逐渐地走向消沉。他回到上海以后，与郑振铎商议，由郑振铎在琉璃厂收集各种笺纸。郑振铎遍访琉璃厂各家南纸店，淳菁阁、松华斋、松古斋、懿文斋等店铺都是郑振铎先生时常光顾的店铺，他在琉璃厂搜集到许多笺纸，并陆续寄往上海。鲁迅经过反复遴选和鉴别，最后选定了 332 幅，分为六大册，用宣纸彩色套印。鲁迅还特意写了《北平笺谱序》，对中国版刻极其笺纸的发展历史、所面临的危机形势以及编印《北平笺谱》的原因进行了细致的阐述。郑振铎也在书中的《访笺杂记》详细讲述了搜购画笺、交涉印刷、调查刻工姓名等整理编辑的经过，并在他自己撰写序中谈道：“鲁迅先生于木刻画夙具倡导之心，而于诗笺之衰颓，尤与余同有眷恋顾惜之意，尝与余言之，因有辑印《北平笺谱》之议。”民国二十二年（1933 年）年底《北平笺谱》刊行问世。为了提高《北平笺谱》的收藏价值，鲁迅、郑振铎在每一部笺谱上亲笔签名。他们分别把《北平笺谱》送给了苏联版画家协会和美、英、法、日等国家的图书馆。《北平笺谱》刊行后颇受欢迎，没过多久，又再一次加印了一百部。

郑振铎先生也是琉璃厂的常客，他在《访笺杂记》中写道：

“我到北平教书，琉璃厂的书店断不了我的足迹……”琉璃厂的一些老人回忆，郑振铎与来薰阁的掌柜陈济川关系很好，交往甚密。郑振铎先生在“七七事变”前曾主编《文学月刊》等进步书刊，还经常发表抗日爱国的文章。上海沦陷后，日伪当局便搜捕通缉郑振铎先生，陈济川便让郑振铎先生躲藏在来薰阁在上海的分店之中，当时郑振铎先生还利用来薰阁的分店与徐森玉、王伯祥等文化人士聚会。危难之中，陈济川等有如此的胆识和魄力，当然是出于爱国之心，但是在当时要冒极大的风险，由此足以看出郑振铎先生和琉璃厂书肆的交情之深。1949 年以后，郑振铎先生出任国家重要领导职务，但依旧不忘到琉璃厂淘书，琉璃厂的老人回忆说：郑振铎先生买书时“最冲”，搜求图书的“网”既大又密，一批图书经郑振铎先生挑选之后，也就所剩无几。记得当年一位老先生曾悄悄地对笔者说：“别瞧郑先生那么大官，买书啊……也砍价哟。”郑振铎先生不仅仅经常到琉璃厂淘书、买碑帖，对这条街的各个行业的发展也极其关心，20 世纪 50 年代初期，琉璃厂的古旧书业发展有些迟缓，特别是作为传承着文化典籍的古旧书业完全是在私营的店肆之中。为此，郑振铎与齐燕铭、吴晗等一起倡议，于 1952 年 11 月成立了我国第一家国营的古旧书店——中国书店。

不仅是鲁迅、郑振铎，钱玄同、刘半农、魏建功等著名的学者也都是琉璃厂的常客，他们把琉璃厂看作心目中的乐土，怡然自得地享受淘书之乐。鲁迅先生和钱玄同先生曾经为搜寻小说《何典》而勤劳多年，但始终未能如愿。民国十五年（1926 年）春，刘半农在琉璃厂的书摊上偶尔得到一部《何典》，喜出望外，并将这部书整理校勘后出版，鲁迅先生还特为此书的校勘出版撰写了题记，他在题记中记述说："还是两三年前，偶然在光绪五年（1879年）印的《申报馆书目续集》上看见《何典》题要，这样说：'《何典》十回。是书为过路人编定，缠夹二先生评，而太平客人为之序。书中引用诸人，有曰活鬼者，有曰穷鬼者，有曰活死人者，有曰臭花娘者，有曰畔房小姐者：阅之已堪喷饭。况阅其所记，无一非三家村俗语；无中生有，忙里偷闲。其言，则鬼话也；其人，则鬼名也；其事，则开鬼心，扮鬼脸，钓鬼火，做鬼戏，搭鬼棚也。语曰出于何典？而今而后，有人以俗语为文者，曰出于《何典》而已矣。'疑其颇别致，于是留心访求，但不得；常维钧多识旧书肆中人，因托他搜寻，仍不得。今年半农告我已在厂甸庙市中无意得之，且将校点付印；听了甚喜。此后半农便将校样陆续寄来，并且说希望我做一篇短序……"

著名语言文字学家魏建功先生也与琉璃厂书肆结下了深厚的友情，特别是与来薰阁掌柜陈济川友情更为浓厚。魏建功先生为北京大学著名教授，先后兼任中文系主任、北京大学副校长，第三、第四届全国人大代表。1955年被聘为中国科学院哲学社会科学部委员，九三学社第三、第四、第五届中央常委，他是我国现当代著名的学者。抗日战争时期北平沦陷，魏建功先生到大后方教书，其夫人带着孩子们留在北平。民国二十七年（1938年）春节，魏建功先生在长沙，无法顾及家中的亲人，来薰阁掌柜陈济川派伙计到魏先生家中，送去一袋米、一块肉，还留了一点钱，帮助魏先生家眷熬过了艰难的一个春节。六十余年后，魏公的儿子魏乃先生向笔者讲述这段历史的时候，还充满了对琉璃厂书肆前辈的感激之情。民国三十五年（1946 年）魏建功先生作为国语推广委员会的成员，到台湾推行国语教育，魏先生的夫人带着孩子们去台湾找魏先生，途经上海时，就住在来薰阁上海分店中。用魏乃先生的话说："来薰阁上海分店当时都成了北大和台湾国语推广会的接待站了。"魏建功先生对琉璃厂书肆也不遗余力地帮助，来薰阁影印《宋本广韵》就是在魏先生的指导下完成的。1969 年陈济川先生去世,陈夫人病卧家中。当时的政治环境，使得陈济川的家人备感压力。一日，魏建功先生戴着大口罩悄悄地来到陈家，看望病卧榻上的陈夫人。他不放心陈济川的孩子们，把陈家孩子们的下落逐一打听,记在本上,才辞别离去。多少年来，当人们回忆起往日的历史，无不为学者文人与琉璃厂商贾们之间结下的深厚友谊而感动。

清华大学著名教授朱自清先生与琉璃厂的书肆也结下了不解之缘。他经常到琉璃厂逛书店买书，与通学斋的雷梦水先生逐渐熟悉，雷梦水先生也时常去朱自清家中送书，两人结下了深厚的友谊。朱自清先生喜欢收集一些珂罗版的画册、戏曲小说和唐诗、宋词等方面的典籍，雷梦水先生便留心收罗，曾先后为朱自清先生搜求到明洪武年刊本《读杜诗愚得》、清道光五年（1825 年）刊刻本《杜诗琐证》和清初刊刻本《昌谷诗注》等书，朱自清先生极为满意。一次，雷梦水先生到朱先生家送书，朱自清先生鼓励雷梦水要锻炼学着写点东西，雷梦水为难地说："我一个卖书的，

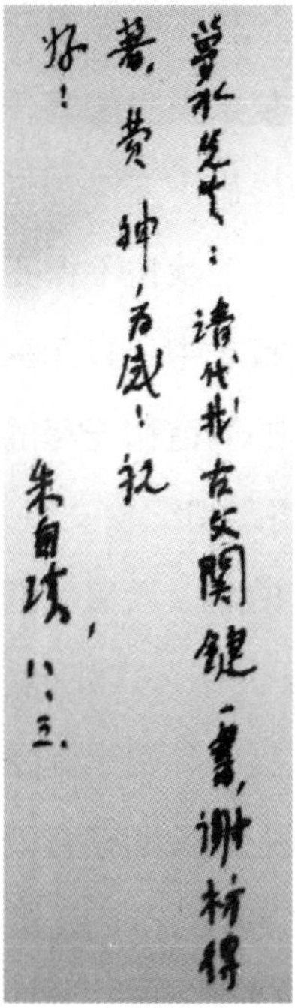
夢水先生：请代找古文關鍵一書，谢枋得著，费神，为感！祝好！

朱自清，八、三.

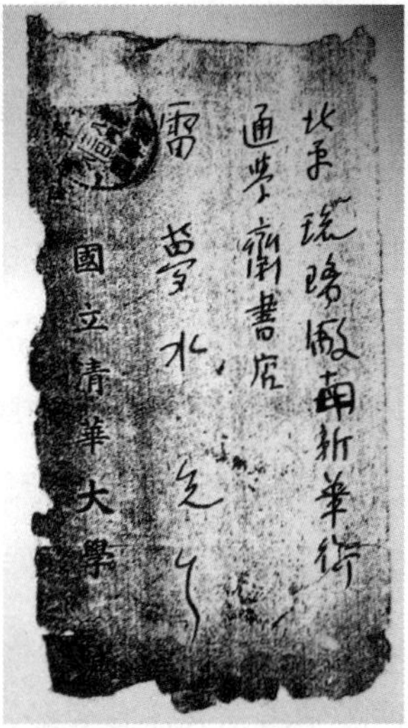

朱自清先生遗墨

文化程度又低，哪能写出东西来？”朱自清先生正言厉色地对雷梦水说：“你看宋代的陈起，你的舅舅孙耀卿不都是卖书的吗？只要自己能树立雄心壮志，肯刻苦学习，还得要坚持，锻炼锻炼不就行吗？”他还一点点地教雷梦水如何练习写作，如何读书。半个多世纪以后，雷梦水先生谈起这件事情，还充满了感激之情地说：“我现在能写一些短篇文章，不能不归功于朱先生的启发诱导。”1948 年 7 月，朱自清先生身体已颇为虚弱，其扶杖再到琉璃厂，依旧是原来的习惯，先到通学斋小坐品茗，稍事休息后又赶到开明书店校阅他所编辑的《闻一多全集》。8 月 3 日，雷梦水先生收到朱先生的一封信，上写：

梦水先生：

请代找《古文关键》一书，谢枋得著，费神，为感。

祝

好！

朱自清　八.三.

这封信很可能就是朱自清先生的最后遗墨，雷梦水先生一直珍藏在家中。20 世纪 80 年代后期，笔者为雷梦水先生撰写传记，雷先生谈及他与朱自清先生的交往时，说到最后声音渐渐低沉下来，悲伤之情油然而生。那时的场景，让年轻的我也不得不埋下头，不敢再说什么，只是静静地记录着，沉寂之中让我深深地感受到京城文人学士与琉璃厂商贾的那种浓厚的情谊和无尽的眷顾。1992 年中国书店成立四十周年店庆，因要印制纪念文集，需要用此信，雷梦水先生小心翼翼地拿了出来，拍照以后又仔细地收藏起来。

当然，与雷梦水交往的学者文人还有很多，其中叶祖孚先生就是一个有着浓重的琉璃厂情结的文人。叶祖孚先生长期在宣南地区工作，20 世纪 50 年代初，叶祖孚先生工作的中共前门区委办公地点就在琉璃厂的东南园，出了机关没多远就是琉璃厂文化街，逛琉璃厂对叶祖孚先生来说可是有着得天独厚的便利。后来叶祖孚先生到北京文史资料委员会工作，所打交道的主要范围和内容又与北京历史文化有着密切的联系，特别是收集整理北京的文史资料，常交往的老先生、老店员又每每与琉璃厂有关，这使得他对琉璃厂有一种极为亲密的关联。无论是琉璃厂的古旧书店，

叶祖孚著《北京琉璃厂》

叶祖孚著《燕都旧事》

还是古玩店和字画店，都有他的老朋友、老相识。孙殿起、雷梦水、邱震生、魏长青等许多琉璃厂的掌柜或者店伙计都和叶祖孚非常熟悉，甚至是交往很深的朋友。在叶祖孚先生的著述中，涉及琉璃厂的篇章很多，这一方面是因为叶祖孚先生是当代北京宣南文化研究的主要学者之一，他的视线自然对宣南文化的中心区琉璃厂格外垂青，另一方面他与琉璃厂各个店肆的亲密交往也让他对琉璃厂有一种难以割舍的情结。1997 年，他在北京燕山出版社出版的《北京琉璃厂》是一部系统介绍琉璃厂文化街的普及读物，对人们了解和认识琉璃厂的历史和文化内涵有着很重要的作用。也就是在这一年，叶先生去世。但是人们没有忘记他对宣南文化、对琉璃厂研究的贡献。1998 年，由北京宣武区建委出面，组织有关人士和其家人将叶祖孚先生的遗作汇集成集，由中国书店出版，取名为《燕都旧事》，其中涉及琉璃厂的文章竟达十余篇。这种抹不去的琉璃厂情结伴随着叶祖孚先生走过了一生。

在琉璃厂书肆中，书肆商贾与文人学者结下深厚的友情，甚至是患难之交的事例比比皆是。北京大学著名教授侯仁之先生与琉璃厂开通书社的郭纪森在数十年的交往中结下了深厚的友情，留下了感人的轶事。侯仁之先生是山东恩县人，著名历史地理学家，我国历史地理学奠基人。民国二十一年（1932 年）秋被保送投考燕京大学历史系，成为著名学者洪煨莲教授的学生。民国二十九年（1940 年）夏天，侯仁之先生完成硕士学业，留校任历史系助教。民国三十年（1941 年）秋天，侯先生因掩护和安排燕京大学的学生南下抗日，而遭到日本侵略者的逮捕。第二年他被营救出来，被迫辗转到天津投奔他的岳父。当时侯先生的老师洪煨莲先生非常担心他，可又没办法写信，也无法邮寄，郭纪森先生便利用他去天津收购古旧书的机会往返于京津之间，多次给侯仁之先生捎带口信。侯先生对郭老先生的壮举极为感激，三十多年后，他在撰写回忆录时，两次提及此事，念念不忘。笔者年轻时曾看到侯先生的回忆录提到此事，便找到郭纪森询问，郭老先生很淡然地说："我都不太记得了，也就是传个话。"

侯先生的老师洪煨莲先生也与郭纪森有着密切的友谊和一段感人的轶事。民国三十年（1941 年）洪煨莲教授被日本人逮捕入狱，家中只有夫人和一个小女儿，郭纪森便经常到洪先生家中帮着做点事情。洪煨莲先生后来被释放出狱，但依旧被日本人监视居住，郭老先生仍经常去看望他。正是这种患难之交，使得洪煨莲和郭纪森之间留下了一段极为感人的轶事。民国三十五年（1946 年）洪煨莲教授到美国哈佛大学讲学，临行前留下一笔钱让郭纪森为他买《明实录》《正续玄览堂丛书》等十几种典籍，并约定买好了书先暂时存放在郭纪森的开通书社。岂料时局的变化让洪煨莲先生再也没有回到北京，一晃近三十年过去，中美之间开始交往以后，洪煨莲先生写信给郭纪森，告诉他当年的书就算了，毕竟数十年的变迁，让洪先生觉得他委托郭纪森买的书已经没什么可

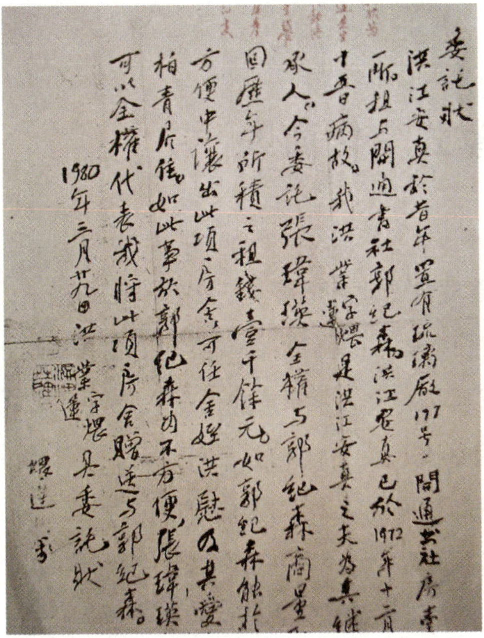
委託狀
洪江安真於昔年置有琉璃廠177号一開通書社房
一所租与開通書社郭紀森 洪江安真已於1972年十二月
十四日病故 我洪業字煨蓮是洪江安真之夫為其繼
承人 今委託張瑋瑛全權与郭紀森商量
回歷年所積之租錢壹千餘元 如郭紀森能於
方便中讓出此項房舍 可任侄女洪懿及其愛
柏青居住 如此事於郭紀森有不方便 張瑋瑛
可以全權代表我將此項房舍贈送与郭紀森
1980年三月廿九日 洪業字煨蓮 是委託狀
煨蓮 手

洪煨莲先生写的“委托状”手稿（首图供稿）

能再存在了。郭老先生回信告诉洪煨莲教授：当年委托买的书他依旧仔细认真地保管着。洪煨莲先生大为意外，也十分感动。他后来委托自己的学生，从他在北京的寓所中挑选一个精致的笔筒、一方上好的石砚送给郭纪森作为留念。郭老先生的开通书社是租用洪煨莲夫人江安真女士名下购买的房子，位于琉璃厂 177 号。三十年过去，郭老先生仍旧记着给洪太太留着租房的租金，到 1980 年已经累积了 1000 元。那时的 1000 元不是一个小数，但郭先生始终信守着当时的承诺。1980 年，洪煨莲先生亲手起草了“委托状”，表示可以将该处房屋赠送给郭纪森先生，但郭老先生婉言回绝了。洪煨莲与郭纪森长达近半个世纪的交往和友情，留下了令人感动的佳话。

专家式文化商人

琉璃厂诸店肆的经营项目、业务范围与文化发展密切相关，这些店铺的店主或伙计终日接触古旧书刊、碑帖字画、金石篆刻、文房四宝、古玩珍宝，又常年与文人学者或显贵贤达交往，耳濡目染，深受熏陶，年长月久对历朝各代的古旧书刊版本、源流、内容、作者以及学术思想等方面的知识日趋熟识并逐步提高，或者对文物真假的鉴定、珠宝翠钻的品赏有独到之处，渐渐造就出一批具有较高水平和高超的专业技能的“专家式”文化商人。

琉璃厂诸店肆造就出一批具有较高水平和高超的专业技能的“专家式”文化商人。他们或是古旧书刊的版本专家，或为古玩书画的内行，或具有高超的古书装订修补技能或文物鉴定水平，成为经营的权威和骨干。在古旧书业中，乾隆年间琉璃厂鉴古堂的店主老韦、20 世纪古书业中文禄堂的王晋卿、通学斋的孙殿起、来薰阁的陈济川以及当代中国书店的雷梦水、张宗序等便是其中的代表人物。古玩行中有孙虞臣、赵佩斋、袁厚民以及近现代的赵汝珍、邱震生等人。这些“专家式”的文化商人，对琉璃厂的发展、对北京文化的交流、传播和发展，给予积极的推动作用，产生了深远的影响。有的人甚至著书立说，像通学斋掌柜孙殿起著有《琉璃厂小志》《贩书偶记》，王晋卿著有《明版书录》，雷梦水著有《书林琐记》,赵汝珍著有《古玩指南》等。这些专著，或为研究北京历史的重要的参考文献，或为某一专业领域的必读之书。

琉璃厂历史上，最早见于文献记载的专家式商人就应该算是李文藻的《琉璃厂书肆记》中记载的老韦了。老韦为浙江湖州人，他的名字早已为人淡忘，但是他在古书的版本造诣和经营上的精明却被活灵活现地记录下来。老韦所开的书肆为鉴古堂，以经营古书为业。他善于经营，也很会要高价，就是当时任《四库全书》总编纂官的纪昀，也为得其所售图书而出价数千两。李文藻的好友周书昌逛琉璃厂书肆,见一部宋人吴棫所撰《韵补》被他人买去，心中很是闷闷不乐，且为此而耿耿于怀。老韦告诉他可读邵子湘的《韵略》，吴棫《韵补》的音韵方面的内容均已被《韵略》收入，并且有所考证。周书昌看过后大为叹服。老韦又向周书昌推荐魏鹤山的《古今考》，他认为宋人精于经学者，魏鹤山最为深邃，但是因其作品罕见于世，常人往往忽视，周书昌为此深深叹服老韦在宋人文献方面的研究。老韦经营古书的能力和水平几乎达到出神入化的水平，李文藻见到他的

纪昀画像

时候，老韦已经是七十余岁的老人，虽骨瘦如柴，但精神矍铄，还奔波于京城官宦显贵和文人学士府第之中。京城名人雅士有好书者，老韦只要稍微一接触便会知道其喜好何书，并且可以根据其喜好而推荐典籍。当然他索要的书价也价格不菲，很多好书之人为此心中愤愤不平，但又不得不接受他的要价。老韦是见于文献记载中最早的一个琉璃厂的书贾。

琉璃厂的专家式商人颇值得以浓重的笔墨记述的还有两位，一是通学斋的掌柜孙殿起，一是孙殿起的外甥雷梦水。之所以将这两位书肆业的前辈放在如此突出的地位，既不是由于他们在琉璃厂书肆业的经营上有多么显著的成就，也不是他们在京城达官显贵、社会名流中有什么过深的交往，关键在于孙殿起、雷梦水二位在琉璃厂文化的积淀过程中，做出了杰出的贡献。甚至可以说，我们今天无论是介绍琉璃厂的历史发展，还是研究琉璃厂文化的丰富内涵，孙殿起、雷梦水有着不可磨灭的功勋。

孙殿起，字耀卿，河北冀县人，生于光绪二十年（1894 年），1958 年病逝。孙殿起先生少年时曾读过几年私塾，十五岁时因家中生活困窘，在父亲的朋友介绍下到琉璃厂宏京堂学徒，拜宏京堂掌柜郭荫甫为师。三年学徒期满后，孙殿起又在宏京堂柜上做了一年的伙计，后出来单干。民国二年（1913 年）经他人推荐，孙殿起到鸿宝阁书肆任司账，相当于今天的主管会计之职。孙殿起在鸿宝阁期间，打理鸿宝阁业务的是崔蔚元，崔氏在古书版本及碑帖字画方面颇为精通，与孙殿起同在一店，自然对孙殿起有所促进和帮助。而孙殿起在版本和古书经营上的才华也就是在这期间显露出来的。一次，崔蔚元以四块大洋购得明代刊本《盛明杂剧》初集一部，准备加价一倍，以八元钱出售。孙殿起看后觉得索价太低，于是和崔蔚元商议以“串行”的形式在琉璃厂书肆中加价数倍求售。他带着这部崔蔚元从挂货铺四元大洋买来的图书，到文友堂魏殿臣处，索价五十块大洋，但魏殿臣只肯出价二十五元，孙殿起后又转到韩逢源经营的文德堂，韩氏以四十元大洋成交。后来，该书以百元之价被姚茫父购去。孙殿起在鸿宝阁任司账三年后，又到会文斋书铺充任司账之职。会文斋掌柜何培元在古书版本上极为精通，这对孙殿起在古书版本业务的发展有很大的促进作用。何培元十分器重孙殿起，当时的琉璃厂各个书肆中，伙计很少有月薪超过三块钱的，而孙殿起在会文斋的月薪为大洋六块，这在琉璃厂极为罕见，由此也看出孙殿起在琉璃厂经营古书的实力。

民国八年（1919 年），孙殿起在著名藏书家伦明的资助下，在南新华街 74 号开办了通学斋，自己独挑一摊经营古书。由于孙殿起前后在宏京堂、鸿宝阁和会文斋任职，这几家店肆掌柜又都是古书版本的行家里手，对孙殿起在古书版本的经营方面有着重要的影响，使得他在古书的版本鉴别和古书的收售业务上日趋精湛。再加之他与伦明等著名学者的交往中得到这些先生的帮助和指点，在版本目录学方面有了更高的造诣。从民国十年至民国二十五年（1921—1936 年）是通学斋发展的全盛时期，其店铺伙计达到十余人，每年经营古书的金额达到四万元之多，成为琉璃厂著名书肆之一。当然，孙殿起的显著成就并不是在琉璃厂各个书肆中有多大的经营份额，而是他在古书版本目录学和琉璃厂文献的收集整理上有着极为突出的贡献。孙殿起先生在其长期的古书经营历程中，十分注重对古书版本的收集和整理，每当收到一部古书，孙殿起便详尽地记录其版本的情况和流传过程，并按照版本目录学的基本要素加以整理，民国二十三年（1934 年）他撰著的十二卷《丛书目录拾遗》刊行。短短的两年后，民国二十五年（1936 年），孙殿起撰写的二十卷《贩书偶记》刊行问世。《贩书偶记》是《四库全书》未收版本的古书著录总目，是一部重要的目录学著作，在这部书中孙殿起将自己在长期的古书经营中目睹经手的典籍逐一详细记录，所记录的包括书名、卷数、作者、籍贯以及刊刻时间等项目，凡是一种古书但卷数和版刻有异者，或者作者姓氏需要考订、书籍内容有待于说明的，孙殿起都一一做出备注。孙殿起的《丛书目录拾遗》和《贩书偶记》两书的刊行为近现代版本目录学发展做出了很大的贡献。

孙殿起撰《贩书偶记》

此外，孙殿起秉承李文藻、缪荃孙之遗风，在《琉璃厂书肆记》《琉璃厂书肆后记》之后，细心走访，详加考察，撰写了《琉璃厂书肆三记》。《琉璃厂书肆三记》与李文藻的《琉璃厂书肆记》、缪荃孙的《琉璃厂书肆后记》有着本质的区别，前二者作为文人雅士，眷顾琉璃厂书肆情结，有感而记载。而孙殿起的《琉璃厂书肆三记》则是有意识地记载清末到民国年间琉璃厂书肆的基本状况和书肆店铺的演变沿革，再加上后来撰写的《贩书传薪记》，实际上孙殿起撰写了琉璃厂的“书肆志”。原国家文物局局长王冶秋先生在他的《琉璃厂史话》中这样评价孙殿起先生的《琉璃厂书肆三记》：“由于孙老先生是书业中人，又勤于访问，记载较李南涧、缪荃孙更加详备。尤其是对于每一家书铺（包括新书铺），凡从其开业起，直到每次易主，或改变经营业务，或某年停业，都有所述。每一铺主姓名籍贯、开业地点、师承关系，都是孙老先生几十年调查所得，因此记录很确实。现在书业中人，还经常谈起，孙殿起见到一位，就问一位，掌柜的也好，伙计也好，总是把来龙去脉问个详细，这种数十年如一日的精神，很可佩服。”孙殿起开创了北京图书发行史志的先河，为后人研究和撰写北京图书发行史做出了重大的贡献。

孙殿起的《琉璃厂小志》

不仅如此，孙殿起在《琉璃厂书肆三记》的基础上，广为收集有关琉璃厂的各方面资料，从琉璃厂的发展起源到琉璃厂的各个行业的经营，乃至有关琉璃厂在京城文化方面的作用和影响、北京风物方面的资料等，都汇集在一起，撰写了《琉璃厂小志》一书，是一部研究北京民俗、风俗、时代风尚的最好的资料文献。正是因为孙殿起先生在这一方面的显著贡献，使得他成为琉璃厂著书立说“第一人”。著名藏书家、版本学家伦明先生评价孙殿起时说：“吾友孙殿起，商而士者也。余来京师游海王村遇肆中人，见其语言举止异乎他人商肆，且异乎他地之书肆，意更迓之。君博览而强记，其博览也，能详人所略。君于版本外尤留意近代汉宋学之渊源，诗古文辞之流别，了晰于胸。随得一书，即能别其优劣。其强记也，举一事证之。君尝窥我架上书，凡某类缺某种，某种缺某卷，某卷缺某页。默记之，久之又久，一一为我弥补，按之无爽，即此可知。君最勤析疑辨异，恒至午夜，饥忘食……平生所寓目，皆有记录，积稿厚逾尺。余阅其书，叹其包举巨细，依类排比之中自有胆，今之言目录者，未有如君者也。”（《〈丛书目录拾遗〉序言》）郑振铎先生在他的《西谛书话》中也称赞孙殿起：“孙即编《贩书偶记》者，为书友中之翘楚。彼专搜清人诗文集及单行著作之冷僻者，颇有眼光，见闻亦广……”1956年通学斋公私合营后并入中国书店，孙殿起被聘为中国书店《古旧书介绍》的编辑委员。1957年孙殿起先生被发现患重症高血压，不久又半身不遂，卧病不起，但是孙殿起依旧惦念着他所整理和编撰的文献资料，由其外甥雷梦水先生协助，在病中坚持整理写作。1958年，重病之下的孙殿起已经说话十分艰难，但还是坚持由其口授，雷梦水先生记录，撰写了《记藏书家伦哲如先生》。这年夏天，孙殿起先生去世。

雷梦水，河北冀县人，生于民国十年（1921年），少年时在家乡曾读到高小后肄业。雷梦水先生自己回忆，他年少时颇受他父亲的影响，他说：“父亲嗜好读书，我幼年时常看到父亲伏案阅读古籍，受到熏陶，我自幼亦喜爱读书。”民国二十五年（1936年）因家中生活艰难，而当时琉璃厂的通学斋又生意兴盛，故雷梦水先生到北京开始跟随他的舅舅孙殿起在通学斋学徒。雷梦水作为孙殿起的外甥，自然得到孙殿起的垂青和格外的照顾。孙殿起时常手把手教雷梦水先生，并且督促雷先生背张之洞的《书目答问》，熟读其他目录学著作，还让他帮着整理、誊抄古书目录。出徒后，雷梦水留在通学斋做伙计，一直到与中国书店合营后进入中国书店。雷梦水在其四十余年的古旧书业务生涯中，苦心钻研，殷勤耕耘，在古旧书业和京城文化界享有很高的声誉。雷梦水先生在通学斋期间就经常到北京大学、清华大学上门送书，与邓之诚、朱自清、傅惜华、谢国桢、王冶秋等著名学者结下了深厚的友谊。他经常去燕京大学给邓之诚先生送书，并得到邓之诚先生的很多帮助和指导。邓之诚喜欢收集一些清人的集子，雷梦水对清初集部图书颇为熟识，很大程度上得益于邓之诚先生的教诲。他不仅给邓公送书，还经常为邓之诚代办其他事情，有时还到步云斋、内联升等店铺为邓先生买鞋买帽子。每当他到邓之诚家中，邓先生总是要家人为雷梦水沏上热茶。邓公在自己的日记中，称雷梦水为“书友”，而言及琉璃厂其他书店的人则称为“书贾”，对雷先生的偏爱由此可见一斑。邓之诚先生的字很有名，很多人求字于邓公，雷梦水先生也很羡慕，但是又不好意思。一次，邓公的二弟邓之纲看出雷梦水的心思，就对雷梦水说：“大爷愿意为你写点字，你拿纸来吧。”邓之诚先后为雷梦水写过扇面、对联、中堂，邓公书写的扇面雷先生始终珍藏着。在撰写文章方面，朱自清先生曾经给予雷梦水先生很大的帮助和具体的指点。每每谈到自己在古旧书方面的成就和他的诸多著述，雷先生总是提到朱自清的帮助。朱自清先生去世前给雷梦水的信，他一直极其珍藏着，作为对朱自清先生的纪念。著名历史学家谢国桢先生也是雷梦水的好朋友，谢国桢先生每次到琉璃厂，总要看望雷梦水先生。一次谢国桢先生到琉璃厂看望雷梦水，正好雷先生不在，谢国桢先生将他的著作《明清笔记丛谈》送给雷先生，第二天又赋诗一首：

感君别具骊黄手，选入不登大雅堂；
将化腐朽为神奇，彰幽发潜在公方。

这首诗实际上代表了谢国桢等学者对雷梦水先生在古旧书方面的突出贡献给予的极高的赞扬。20 世纪 80 年代中期，山东筹建蒲松龄纪念馆，派员到琉璃厂的中国书店选购各种版本的《聊斋志异》，当时是雷梦水先生接待的。雷先生向山东来的客人了解了他们的筹备情况和基本想法后，对他们说：“你们不能仅仅是收集蒲松龄的《聊斋志异》，还应该把收集范围扩展得更宽一些，还应包括蒲松龄的其他著作和蒲松龄为官、游历所到之处的文献资料，甚至还应该包括与蒲松龄交往密切的文人的著述、文集，这些对蒲松龄创作《聊斋志异》都有很大的帮助。”他不仅为山东蒲松龄纪念馆的客人准备了十几种不同版本的《聊斋志异》，还为他们找出了影印的蒲松龄未刊稿本《东郭箫鼓词》《淄川县志》和蒲松龄一生游历和为官之地的县志，与蒲松龄交往甚密者的文集。山东来的客人对雷梦水先生的建议和服务倍加赞扬，他们事后给中国书店写信，赞扬雷先生不仅仅为他们提供了丰富的图书文献资料，还为他们如何陈列和怎样研究蒲松龄提出了非常重要的指导意见。正是因为雷梦水先生在古旧书业务领域的深厚造诣，使得他成为很多学者的挚交。

当然，雷梦水先生在琉璃厂文化中所发挥的作用不仅仅是在古旧书业务方面，更重要的是他对研究琉璃厂、研究北京现代书肆业所做的突出的贡献。如果说孙殿起先生是琉璃厂著书立说"第一人"，雷梦水就是这个"第一人"的最为得力的帮手。孙殿起先生的《琉璃厂小志》在1962年得以在北京出版社出版，就是雷梦水先生帮着整理和补充的。人们谈到《琉璃厂小志》，往往说是孙殿起先生的佳作，但是很少有人知道，《琉璃厂小志》最后的定稿，是由雷梦水先生完成的。1958年孙殿起去世时，《琉璃厂小志》尚未完全脱稿，雷梦水在张次溪、陈怀古等人的协助下，对《琉璃厂小志》的遗稿进行整理。由于孙殿起先生原来收集琉璃厂的资料前后间隔的时间比较长，又是断断续续地整理、收集的，因此原手稿比较零乱，往往是一张稿纸上、一段文字中，既有琉璃厂的资料，又有竹枝词的文献内容。雷梦水先生埋头整理，逐一梳篇理叶，分类排比，最终将这部重要的北京文献资料的书稿整理出来，交付出版。某种意义上说，没有雷梦水先生的辛勤耕耘和苦心，《琉璃厂小志》很可能无法刊行于世。特别是继孙殿起先生的《琉璃厂书肆三记》之后，雷梦水先生又开始撰写《琉璃厂书肆四记》。孙殿起先生去世以后，当时任国家文物局局长的王冶秋先生一再请雷梦水先生接着孙殿起的“三记”继续补充完善，弥补“三记”的遗憾和不足。雷梦水先生四处走访，多方查证，经过一番艰辛的努力，终于完成了《琉璃厂书肆四记》。《琉璃厂书肆四记》在“三记”的基础上进一步补充和完善，记述了从民国期间到公私合营，北京古旧书业详细的发展状况，每一家店铺的门牌号码、掌柜的姓名、伙计都有几个、收过什么样的善本古书，都逐一详加记录。通学斋合并到中国书店以后，雷先生在业务科任审读员，常到四九城各个中国书店门市查看图书，他利用这个机会细心走访。记得当初有的中国书店老人曾说：“老雷过去不好好地去看书，到哪都逢人便问：在哪家铺子？掌柜的如何？柜上几个人？”不管当时的老人如何看待，但是雷梦水先生为搜求资料而做出的努力以及他对后人研究琉璃厂所做的贡献，绝不是古旧书业一些庸俗之辈所能明了的。《琉璃厂书肆四记》撰写出来以后，雷梦水先生将其与孙殿起先生的“三记”一并收入《琉璃厂小志》中，使得《琉璃厂小志》更为丰富。此外，他还撰著《书林琐记》《北京风俗杂咏续编》《古书经眼录》《室名别号索引》等著作，成为继孙殿起之后又一位具有很高的学术造诣的琉璃厂专家式书商。记得20世纪80年代中期，笔者与雷梦水先生办公在上下楼，有时笔者写东西缺少资料，又时常想偷懒耍滑，便一溜小跑下楼，到雷梦水先生处，求教于雷老先生，雷先生总是和颜悦色娓娓道来，特别是涉及清代集部的资料，雷先

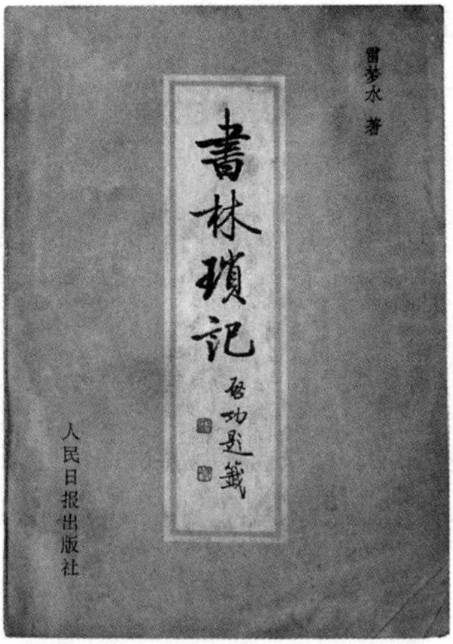

雷梦水著《书林琐记》

雷梦水辑《北京风俗杂咏续编》

生如“活字典”一般，何书作者是谁、何时刊刻、有何版本，无一不如数家珍般地道来，令人叹服而敬佩。20 世纪 80 年代后期，中宣部出版局组织撰写全国发行家列传，笔者承担了雷老先生传记的撰写任务，曾一连半个多月采访雷梦水先生。雷先生向笔者讲述了许多琉璃厂古旧书业的情况和轶事，也讲述了他一生从事古旧书业的经历以及与诸多文人学子交往的事情。言谈之中，我深深地为雷老先生的谦逊和广博的专业造诣所感动。遗憾的是当时笔者年轻无知，很多事情和很多雷先生经营古旧书的引得没有完整地记录下来，成为永久的遗憾。但是雷梦水先生对笔者从事古旧书业的研究，给予很大的帮助，对笔者以后的研究发展方向也有很重要的影响。雷梦水先生晚年时被确认为国务院有重大贡献的专家，享受国务院颁发的“政府特殊津贴”，并作为中国书店的业务顾问之一，一直为北京古旧书业勤劳工作。1994 年 10 月，雷梦水先生病逝，一位为京城古旧书业勤劳一生的老店员、老专家辞别了他为之耕耘一生的琉璃厂。当时京城很多学者到友谊医院为雷老先生送行，在雷梦水老先生告别仪式之后，北京古籍出版社总编辑杨璐兄曾对我说：“雷梦水先生的去世标志着你们中国书店一个时代的结束。”笔者听罢此言，无以言对，既看到了学者专家对雷梦水先生高度的评价和充分的肯定，感受到学者对古旧书业老前辈的赞誉，也深深地为今天京城古旧书业的现状而汗颜。也许这时候，才更觉老一辈古旧书店员的功勋和贡献的重要了。

当然，琉璃厂的亦文亦商的专家式商人不仅仅在书肆业中涌现，在古玩业、字画行也同样拥有杰出的行家里手。黄柏川、邱震生、赵汝珍等人就是其中典型的代表人物。

曾经经营尊古斋的黄柏川可谓是传奇般的文化商人，在琉璃厂留下了很多轶事和传说。黄柏川为尊古斋创办人湖北云梦人黄兴甫的侄子，黄兴甫于光绪二十三年（1897 年）在琉璃厂开了尊古斋古玩铺，他在思想上倾向于维新，故将其侄子黄柏川（名浚）送到京师同文馆读书。同文馆是同治元年（1862 年）由洋务派在中央的代表奕䜣等人倡导开办的我国最早的洋务学堂。同治元年（1862 年）奕䜣在英人威妥玛的帮助下，请英籍教士包尔腾充任教习，设立京师同文馆，以培养翻译和外交人才。同文馆附属于清政府总理各国事务衙门，是清末最早的洋务学堂。学堂中设立英文、法文、俄文班，后陆续增设德文、日文班以及算学、化学、万国公法、医学生理、天文、物理、外国史地等课程。

所招收的学员，最初从八旗少年中挑选，后来从贡生、举人提高到进士、翰林院编修、检讨等正途出身的京外各官，年龄放宽到30岁，也不专限八旗。黄柏川就是在这样的背景下进入同文馆学习的，他在同文馆学习八年，毕业后先是在一家德国洋行做译员，有时也兼管点尊古斋的生意。宣统二年（1910年），黄柏川正式接替他的叔父黄兴甫掌管尊古斋，由于黄柏川有较高的文化程度，思想也颇为新潮，再加之在古玩领域的磨炼，使他在古玩行的经营上很有成效，很快尊古斋就成为琉璃厂著名的古玩店。黄柏川对金石、甲骨的研究有较高的造诣，曾与学部侍郎宝熙、甲骨文研究大家罗振玉以及考古学家马衡、郭沫若等人交往十分密切，而且在经营中也多与这些名人显贵交往，也曾有过纠葛。民国十四年（1925年），黄柏川从两个陕西人手中收购到王莽时期的青铜器，经考证和鉴定为王莽新朝的“权”和“衡”。王莽建立新朝后喜好标新立异，凡事都要有“新”意，对度量衡进行改制也是其新朝的一大举措，但王莽朝短命，故当时的文物更显得稀少珍贵。这两件青铜器黄柏川请考古学家马衡“掌眼”，马衡认为这两件器物应该被称为“莽权”“莽衡”,倍加赞赏。谁知“冤家路窄”，不久马衡出任故宫博物院院长，他得知了陕西历史博物馆王莽时代“权”“衡”失盗的消息，立刻意识到在尊古斋黄柏川处看到的“莽权”“莽衡”正是失窃之物，于是派人将这两件文物没收充公。黄柏川不愿花费的数千元大洋打水漂，便请商务印书馆经理孙伯衡说和斡旋，毕竟马衡与黄柏川交往颇多，也不愿让他太受损失，便私下将其收购这两件文物的本钱支付。

黄柏川不仅仅是收购这几件文物而出现过纠葛，就是在历史上震惊天下的清东陵盗墓案中他也被卷在其中。民国十七年(1928年)，大军阀孙殿英因筹集军饷而打清东陵的主意，那年的阴历五月十七日，孙殿英率其部属以军事演习的名义将清东陵包围，并秘密派工兵营和辎重营分别将慈禧和乾隆皇帝的陵寝炸开，随葬的珍宝被劫掠一空，乾隆皇帝及其嫔妃的骸骨狼藉墓道内外，“老佛爷”也被人从棺椁中拖出暴尸数十天。据当年前往勘查的清廷遗老记载，慈禧的尸骸“面与身发酵，生白毛及寸”。据文强在《文强口述自传》记载，孙殿英曾经和他谈起乾隆皇帝的陵寝时说：“乾隆的墓修得堂皇极了，棺材里的尸体已经化了，只留下头发辫子，陪葬的宝物很多，最宝贵的是颈项上的一串朝珠，有108颗，听说是代表一百〇八罗汉，都是无价之宝。其中最大的两颗朱红的，我在天津与雨农见面时送给他作了见面礼。还有一把九龙宝剑，有九条金龙嵌在剑面上，剑柄上嵌了宝石。我托雨农代我赠给委员长或何部长，雨农怎么处理的，我没有再问。”孙殿英盗掘清东陵之后，急于将盗挖的珠宝出手，当时尊古斋一谭姓伙计的本家弟兄在孙殿英部下当师长，便找到尊古斋商议将所盗掘的部分珍宝钻翠出售，由尊古斋出面，与琉璃厂的恰宝斋珠宝玉器店掌柜王月波合伙，将孙殿英手下谭姓师长带来的珍宝钻翠转售给了义文斋珠宝玉器店。但是孙殿英盗掘东陵不久事发，逊位的清宣统皇帝溥仪和清室遗老遗少们悲痛不已，通电蒋介石要求严办此案。京城各个报馆也竞相报道，一时间全国轰动，蒋介石不得不下令当时任平津卫戍司令的阎锡山查办此案。未几，尊古斋涉及该案事发，倒卖给黄柏川珠宝的那个谭姓师长被捕，黄柏川和恰宝斋的王月波、义文斋的经理等三人也同时被捕入狱。然而，孙殿英多方贿赂南京政府高官显贵，就像他对文强所说：“有一把九龙宝剑，有九条金龙嵌在剑面上，剑柄上嵌了宝石。我托雨农代我赠给委员长或何部长……”因此也未见有人如何他，他手下的那个师长没过多久也释放出狱，而黄柏川等人一直被囚禁在北平陆军监狱。民国十九年（1930 年）经商务印书馆经理孙伯衡多方奔走，恳请河北省主席商震将军将黄柏川等人释放。黄柏川出狱之后将尊古斋歇业，又在东琉璃厂开设通古斋古玩铺。黄柏川开设通古斋后并不直接经营，由他的徒弟乔振兴打理生意，儿子黄镜涵管账，民国三十四年（1945 年）通古斋由黄镜涵负责经营。而黄柏川埋头著书立说,先后撰著了《尊古斋古钟集林》《衡斋藏印》《衡斋金石识小录》《邺中片羽》《衡斋吉金识小录》《衡斋藏见古玉图》《尊古斋所见吉金图》《尊古斋陶佛留真》《古工图录》《尊古斋集印》等专著，成为琉璃厂古玩行中著述最为丰富的专家式文化商人，并以此流芳京城文化界和文玩行。1958 年通古斋公私合营后并入北京文物商店。黄柏川在 1952 年去世。1956 年，黄柏川之子黄镜涵将上百件青铜器、玉器、陶片等珍贵的文物捐献给故宫博物院,黄镜涵还被中国历史博物馆聘为考古顾问。20 世纪 80 年代中期，故宫博物院为黄柏川的后人补发了“捐赠文物凭证”，对黄柏川先生的开明和贡献予以表彰。

琉璃厂有家很著名的古玩铺——宝古斋，它的创办人邱震生就是琉璃厂著名的专家式文化商人。邱震生，河北三河县燕郊人，光绪三十四年（1908 年）出生于一个破落地主家庭。他年少时曾在祖父的私塾中学习，练得一笔好字，后来又在外祖父的学馆读书。民国十二年（1923 年），十五岁的邱震生经他人介绍到琉璃厂虹光阁学徒。邱震生因读过几年书，有一定的基础，再加上自己的勤奋，很快就显露出他在古玩字画方面的才能。他不仅在字画的鉴定上颇有造诣，在青铜器、玉器、瓷器等方面也很有研究，而且对印章也十分熟识。民国二十一年（1932 年）邱震生开始主持虹光阁的日常业务，很快在琉璃厂形成一定的声望。邱震生在主持虹光阁的业务过程中，广交朋友，也经常到各地收购古玩，结识了一大批社会名流和古玩收藏家。民国三十四年（1945 年）邱震生离开虹光阁，他撮合天津著名收藏家张叔诚、陶北溟等十人出资合股。开办了宝古斋古玩铺。当时，正值琉璃厂的赏古斋歇业，邱震声看上了由翁同龢题写的“赏古斋”的匾额，便买了下来，请陶北溟将原来翁同龢书写的“賞”字上边部分巧妙地改写为“寶”字，颇有些天衣无缝、浑然一体的感觉，成为琉璃厂的一段趣闻。邱震生在他的经营生涯中，过眼珍贵的字画、古董无数，也有过极为曲折的经历和“历史疑案”。民国三十四年（1945 年）光复以后，李欣木等人曾经从东北收购到一批古代字画，多为宋、元时期作品，是当初溥仪带到东北去的故宫藏品，其中有一幅苏东坡的书画。李欣木等人在瓷器、古砚方面较为擅长，但对宋、元字画不太有把握，回到京城后他们请琉璃厂的徐震伯“掌眼”，徐震伯认为这幅苏东坡的作品似乎有赝品的嫌疑，众人莫衷一是，半信半疑，便又找邱震生先生“掌眼”。邱震生看后认为是苏东坡的真迹，便以六十两黄金将该作品买下来。但事后徐震伯再次鉴定，认为原真迹已被揭走，留下的是第二层描绘下来的。1956 年公私合营时，邱震生先生自己向公方代表主动说明，这幅苏东坡的作品为真迹已被揭走的赝品，这在当时是一件很轰动的事情。著名作家徐迟还为此专门发表了长篇报告文学《真迹》，对邱震生先生的事迹作了报道。数十年以后，20 世纪 80 年代后期，叶祖孚先生又再次提及此事，向邱震生老先生求证，邱震生老先生当时对叶祖孚先生表示：公私合营的时候，参加琉璃厂古玩业清产核资的有故宫博物院的同志，他们认为这幅苏东坡的作品是假的。当时自己对此非常犹豫，担心若是以真的作价，会让国家吃亏,所以也就说是赝品,并以此核定资产价格。数十年以后，邱老先生还是认为这幅字画不是赝品，毕竟苏东坡的真迹流传极少，很难有其他的传世藏品比对鉴别，他还是自信自己当时没有“走眼”。历史已经过去了半个世纪，在当时的社会环境和政治背景下，邱老先生也恐怕只能“宁左勿右”，宁信其假不说其真。这幅苏东坡的藏品也就成了一桩“历史公案”，有待后人继续考证鉴别了。邱震生先生虽未像黄柏川留下了丰富的著述，但是他在琉璃厂古玩业中的声望让后人难以望其项背。1989 年 12 月邱老先生去世后，被誉为“文物鉴定专家”，这是人们对他一生从事古玩业的最高的评价和充分的肯定。

琉璃厂曾经涌现出许许多多的亦文亦商的专家式商人，他们在长期的经营中积累了丰富的古书、字画、古玩方面的专业实力，成为独领风骚的文化商人。但是在琉璃厂的古玩行也出现过比较奇特的“文化人”，他们虽然没有在经营中大显身手，但是由于各种便利的因素，使得他们在琉璃厂的文化传承上显示出特有的贡献，在古玩行里就有这样的两位先生，颇值得一书，这就是萃珍斋东家赵汝珍和原在琉璃厂古玩行成长起来的陈重远老先生。

赵汝珍早年曾留学国外，归国后始在曾任清政府大理寺少卿的余戟门余家做家教，后在冀东银行做监事。赵汝珍喜好古玩，在考古鉴定方面有着浓厚的兴趣，也嗜好收藏古董。因此，他在余戟门家中教书期间，与对古玩字画有着同样兴趣的余戟门结为莫逆之交。余戟门颇为欣赏这位对古玩有着浓厚兴趣的家教馆的赵先生，后便将三女儿许配给赵汝珍。民国二十八年（1939 年）由赵汝珍出资，开办萃珍斋，聘请黄同文为经理，负责打理店铺的生意。赵汝珍虽不直接参与萃珍斋的经营事务，但由于他对古玩的浓厚的兴趣和平日四处收集古董、字画，深深地感到“古玩可以宣达中华民族过去时代之光荣，可以增高中华民族现今国际之重视，与国家民族之关系若斯其重……”但是“惟以中国古玩从无有系统之专书”“……因书籍之不完，考证之欠周，有心人虽欲研求，虽欲发扬，亦苦无指南可资借鉴。”于是其发愤著书，将其多年收集古玩中所积累和所见闻的古玩器物鉴定收藏经验进行归纳总结，按照现代研究著作的体例框架分类撰著，其内容包括书画、碑帖、瓷器、铜器、古钱、玉器、印章、名石、景泰蓝、鼻烟壶、宣德炉、文房四宝等共计五十多类，所包含范围之广、门类之众，可谓前所未有。所以有人称《古玩指南》是“文玩小百科”。这部近 40 万字的古玩研究总结专著，第一次系统、完备和较为规范地将中国历代古董、文物的鉴定、收藏、辨伪等进行全面讲述，特别是它基本上按照西方研究著作的框架进行分类和编目，这实际上是对中国古代古董研究著述“现代化”的一个重要的标志成果，其作用和意义不可忽视。赵汝珍的《古玩指南》于民国三十一年（1942年）9月首次刊行。作为与赵汝珍有着共同嗜好的翁丈余戟门对其女婿的如此佳作赞不绝口，他在为《古玩指南》作序时说：“今三婿赵氏汝珍，力学好古，与余同嗜，聆其论述，睹其储藏，举凡古代名物，洪纤并蓄，咸能辨别真赝，洞悉源流。”其欢喜之情，特别是对女婿的赏识，溢于言表。赵汝珍出版刊行《古玩指南》的第二年，又撰写了《古董辨疑》一书。该书两卷十四章，赵汝珍将自己古玩真伪鉴别的经验归纳汇集，分法书真迹辨、古帖辨、古碑辨、古铜鉴定辨、古钱考证辨、

萃珍斋（首图供稿）

古镜考证辨、宣德炉谱辨、瓷器考证辨、古玉辨、古砚辨、殷墟甲骨辨以及杂辨等部分。该书作为指导人们对古董、文物进行一般的鉴定辨伪的普及读物，颇受世人欢迎，而赵汝珍因其为萃珍斋的东家，虽然不直接经营古玩，但还是被世人认为是琉璃厂历史上一个奇特的“专家式古玩商”。

《古玩指南》首次刊行500部，仅月余便销售一空，又再次印刷。《古玩指南》的出版，对人们系统了解和认识中国历代古董有着极为重要的帮助，1984年，中国书店曾据民国三十一年（1942年）10月第二次刊行本影印出版，短短的七八年时间前后印刷了六万余册。1993年又出版排印本，刊行一万册。之后北京出版社也出版了《古玩指南全编》。20世纪90年代初期，因中国书店出版《古玩指南》和《古董辨疑》与赵汝珍的孙辈有所

古玩指南
赵汝珍编述
北京市中国书店

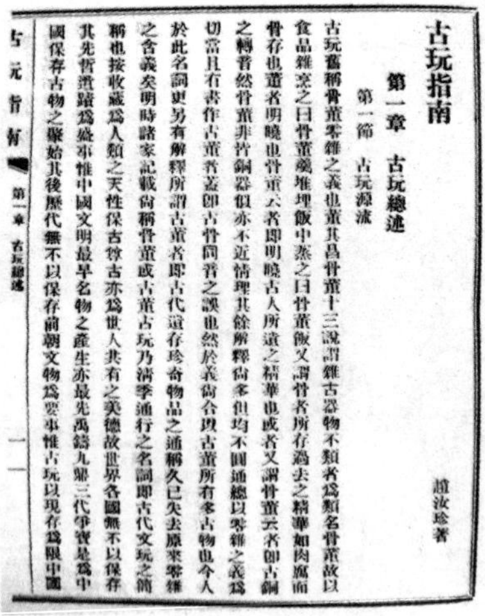
古玩指南

第一章 古玩總述

第一節 古玩源流

趙汝珍著

古玩舊稱骨董零雜之義也董其昌骨董十三說謂雜古器物不類者爲類名骨董故以食品雜置之曰骨董羹堆埋飯中蒸之曰骨董飯又謂骨者所存爲去之精華如肉腐而骨存也董者明曉也骨董云者即明曉古人所遺之精華也或者又謂骨董云者即古銅之轉音然骨董非皆銅器似亦不近情理其餘解釋尚多但均不圓通總以零雜之義爲切當且有書作古董者蓋即古骨同音之誤也然於義尚合理古董所有多古物也今人於此名詞更另有解釋所謂古董者即古代遺存珍奇物品之通稱久已失去原來零雜之含義矣明時諸家記載尚稱骨董或古董古玩乃清季通行之名詞即古代文玩之簡稱也按收藏爲人類之天性保古尊古亦爲世人共有之美德故世界各國無不以保存其先哲遺蹟爲盛事惟中國文明最早名物之產生亦最先禹鑄九鼎三代爭寶是爲中國保存古物之濫始其後歷代無不以保存前朝文物爲要事惟古玩以現存爲限中國

古玩指南　第一章　古玩總述　一

赵汝珍撰写的《古玩指南》书影

接触，笔者当时作为主持中国书店出版工作的负责人，曾多次和赵汝珍先生的后人交往，但其后代对赵汝珍先生在古玩方面的研究、论述以及当时的创作过程等方面的情况已不是很了解了。

以往有关琉璃厂的著述或者文章，除《琉璃厂小志》外，像王冶秋先生的《琉璃厂史话》、叶祖孚先生的《北京琉璃厂》在介绍琉璃厂的人物的时候，一般都是将目光放在琉璃厂各个行当店铺的经营者、从业之人。然而，琉璃厂这个令人向往和最值得探究的“文化园区”，总是让人们备感新奇和回味，也时常涌现出让人们惊奇的人或者事情来。近些年来，一个奇特的人物显现京城，他为琉璃厂的古玩业所作出的努力和积极的贡献是令人敬佩的，他就是少年生长在琉璃厂古玩行之中，晚年又为琉璃厂古玩业撰书立说的陈重远老先生。

陈重远，名玉栋，民国十七年（1928 年）出生在古玩世家，十岁时他的祖母希望陈重远能继承前辈之业，便将他送到琉璃厂，住在其伯父陈中孚的文古斋古玩铺，在这里他开始了自己的少年时代。陈重远先生在琉璃厂读书、生活，度过了他的少年时代，并在辅仁大学读书。他还曾经随其伯父学徒，对琉璃厂古玩行开始有进一步的了解。在琉璃厂古玩行的耳濡目染，使他对古玩业有了很广泛的了解。1949 年，陈重远参军南下，后一直在兵器工业系统从事教育工作。20 世纪 80 年代后期，陈重远先生把他的视线重新投向他少年时成长起来的地方——琉璃厂。他利用自己出身于琉璃厂古玩世家的特点和优势，走访琉璃厂古玩行的老掌柜、老店员，还查阅大量有关琉璃厂及有关古玩、文物的资料，经过前后十年余的笔耕，陆续出版了《文物话春秋》《古玩谈旧闻》《骨董说奇珍》《鉴赏述往事》《收藏讲史话》等五部著作。以往的琉璃厂古玩业没有像《琉璃厂书肆记》以及“后记”“三记”“四记”等这样的系统的著作或文章，其资料较为零散，民国时期周肇祥先生所著《琉璃厂杂记》虽然记述了大量琉璃厂古玩行的经营实况，但仅仅是以杂记的形式记录的，并不系统。孙殿起的《琉璃厂小志》对古玩业记载的也不是非常的完备，而王冶秋先生的《琉璃厂史话》、叶祖孚先生的《北京琉璃厂》对琉璃厂的古玩业虽都有涉及，但也很简略。陈重远老先生的这五部书稿虽然略有交叉，但是对琉璃厂古玩业的讲述极为全面，也非常生动，他以一种全新的形式为琉璃厂古玩业撰写了它的历史，为后人研究琉璃厂古玩业甚至整个古玩业的发展有着极为重要的推动作用。陈重远先生虽然在琉璃厂古玩业从业时间很短，但毕竟出身于此。他开始四处寻访、广泛收集资料的时候已经年逾花甲，经过十余年的岁月和艰辛努力，他已经是一位进入古稀之年的老人，但陈重远老先生那份浓浓的琉璃厂情结让他依旧勤劳笔耕，为人们描绘出琉璃厂古玩业的发展历史和趣闻轶事，他所发挥的作用和对琉璃厂古玩业的贡献是极其显著的。中国书店 1998 年在京味书楼举办“京味文化讲座”，还特意将陈重远老先生请去。当时作为组织者的中国书店，看重的就是一个出身于琉璃厂的老人、一个为琉璃厂古玩业而不懈努力的长者在琉璃厂讲述琉璃厂古玩业的历史，这是一个让世人所感叹的老人，一个为琉璃厂文化做出了突出的贡献的“琉璃厂人”。

文化琉璃厂

琉璃厂文化街的整体氛围和它的文化聚集性，使得琉璃厂成为北京城文化活动的中心地带，许许多多的重大文化事件或主要的文化活动就发生在这里。特别是琉璃厂的古旧书业，对京城文化发展乃至全国文化的发展都有着重要的贡献和影响。

文化传播中心

北京在历史上并不是刻书中心，不像今天的当代出版业的发展状况，但是从元、明以来，北京一直是“聚书”中心。尤其是清代“康乾盛世”之后，天下之书莫不聚合于京城，而琉璃厂便是这个“聚书”的“中心点”。数百年来，琉璃厂的书肆业见证了我国自清乾隆以来图书出版的全部过程，几乎所有重要的典籍都曾经在琉璃厂书肆中现身，琉璃厂已经客观上成为中国典籍文化的传播中心，甚至琉璃厂左右和影响了某种影响重大的典籍的传播与发展。我国古代著名的文学巨著《红楼梦》就是极其典型的一个实例。

《红楼梦》的传播，就与琉璃厂有着直接的关系。《红楼梦》作为我国古代文学的不朽名作，无论其思想还是艺术成就均达到中国古典小说之极，它是中华民族传统文化的结晶，对中国文学和中华文明的发展产生了巨大而深远的影响，在我国古典小说史乃至华夏文化发展历程中树立起一座丰碑。《红楼梦》诞生后的二百余年来，始终以它丰富的思想内涵、巨大的艺术魅力和广博的知识范围，深深地吸引和感动着广大读者。它一问世，就受到社会各界的广泛喜爱。《红楼梦》最早流传于世间，是由抄本的形式传播的。曹雪芹在世时，仅仅是在其亲朋好友中流传。曹雪芹去世以后，《红楼梦》的流传范围逐渐扩展，并成为当时极为流行的小说读本。王公贵人、黎民百姓争相阅读，“几于家置一集”，“家家喜阅，处处争购”。及至乾隆后期，《红楼梦》的抄本在民间卖到十两银子的高价，当时流传有“开谈不说《红楼梦》，纵读诗书也枉然”的说法。正如程伟元在甲戌本的序言中曾经写道：“好事者每传抄一部，置庙市中，昂其值得数十金，可谓不胫而走者矣。”在以往的研究中，很多人对程伟元在序言中所说的“置庙市中”的“庙市”二字看作该书抄本上市买卖的形容词。实际上，程伟元所说的“庙市”就是具体指的琉璃厂书肆。乾隆年间，北京的图书流通场所基本上只有琉璃厂的书肆。据《琉璃厂小志》记载：“火神庙在琉璃厂东门内，琉璃厂书摊多在该处陈列，最早约在康熙年间，谓之庙市。”另外，《京师坊巷志》也记载：“厂东门有观音阁，北为火神庙，岁正有庙市。”而《郎潜纪闻》也说：“京师书摊，今设琉璃厂火神庙，谓之庙市。”由此可见，早在《红楼梦》早期的抄本流通时，琉璃厂就是其传播的基本地点。

清乾隆五十六年（1791 年），程伟元将其历年“竭力搜罗”的《红楼梦》抄本，“同友人细加厘剔，截长补短，抄成全部”，以“萃文书屋”的名义，出版了一百二十回本《红楼梦》。其扉页题为《新镌全部绣像红楼梦》，封面题为《绣像红楼梦》，各回首及中缝均题为“红楼梦”。这就是人们通常所说的“程甲本”。程甲本问世后没有多久，程伟元、高鹗在程甲本的基础上又加工整理，于清乾隆五十七年（1792 年）再一次以活字的形式刊行了百廿回本《红楼梦》，世称“程乙本”。程伟元在其《新镌全部绣像红楼梦》序中，对他四处搜罗《红楼梦》的抄本的艰辛过程作了详细的描述，他说："《红楼梦》小说本名《石头记》，作者相传不一……好事者每传抄一部，置庙市中，昂其值得数十金，可谓不胫而走者矣。然原目百廿卷，今所传只八十卷，殊非全本……为竭力搜罗自藏书家甚至故纸堆中，无不留心，数年以来，仅积有廿余卷。一日偶于鼓担上得十余卷，遂重价购之，欣然翻阅，见其前后起伏，尚属接榫，然漶漫不可收拾。乃同友人细加厘剔，截长补短，抄成全书。复为镌版，以公同好，《红楼梦》全书始至是告成矣。"这里所说的"偶于鼓担上得十余卷，遂重价购之"就是当时众多文人学士，包括书肆的店主收罗古旧图书的主要方法之一。而且，从当时北京的城市格局和图书刊刻、流通的情况看，其萃文书屋就在琉璃厂一带。

程甲本、程乙本的问世，基本上结束了《石头记》以抄本而流传世间的状况，使得《红楼梦》的传播速度和传播范围大大地改善，这在《红楼梦》版本发展史上具有划时代的意义。程甲本、程乙本的刊行不仅仅推动了嘉庆、道光年间出现的文学史上第一次《红楼梦》的阅读、评点、改编和续书的高潮，而且对以后的《红楼梦》的普及、传播和研究等，也产生了深远的影响。这一点恐怕当初程伟元、高鹗在整理、刊行《红楼梦》时未曾想到的。而在程高二人整理和刊行《红楼梦》的过程中，琉璃厂的图书刊刻、流通的环境，为《红楼梦》的刊印和流通创造了良好的文化氛围和优越的图书出版环境。这充分显示出琉璃厂在《红楼梦》一书的传播和红学发展上所起到的突出的促进作用。

不仅仅是程高二人在整理、刊行程甲本、程乙本的过程中，琉璃厂一带的文化背景所形成的社会氛围，对其有过积极的促进作用。就是在以后的《红楼梦》的版本流传过程中，琉璃厂依然是《红楼梦》一书的整理和刊刻的主要地域，这种状况一直延续至今。

清嘉庆三年（1798 年）前后，甲戌本脂批《红楼梦》以及曹雪芹的一方私人印章流入京都藏书家刘位坦（宽夫）手中。刘位坦居住在后孙公园，也就是今天的琉璃厂南的后孙公园胡同。其后人数代精心将甲戌本脂批《红楼梦》以及曹雪芹私人的印章保留下来。清同治二年（1863 年）、六年（1867 年）和七年（1868 年），刘位坦之子刘铨福先后用“白云吟客”“云客”等名字，在甲戌本的末页上批写跋语，说明清代末年《红楼梦》的流传情况和他自己的见解，对后人研究《红楼梦》有着重要的作用。大约在民国十一年（1922 年）前后，甲戌本散落于胡适手中，而曹雪芹私人的印章依然留在刘家，叶祖孚先生生前曾在刘家亲眼看见过该印章，并曾经撰文记述此事。

东观阁评点本《红楼梦》最早刊刻于清嘉庆十六年（1811 年），该书题有“嘉庆辛未重镌，东观阁梓行，新增批评绣像红楼梦”等字样。而在嘉庆年间北京图书刊行和流通的地点依然只有琉璃厂一带。

李慈铭在其《越缦堂日记补》中记载：清咸丰十年（1860 年）八月十三日甲戌阅小说《红楼梦》上眉批：“泾县朱兰坡先生藏有《红楼梦》原本，乃以三百金得之都门者。……壬戌岁（1862

年）余姚朱肯夫编修于厂肆购得六十回本抄本。尚名《石头记》。”列藏本《石头记》就是在道光十二年（1832年）通过琉璃厂书肆辗转卖给在华的俄国人，后再流传到俄国的。在解弢《小说话》中有这样的一条记载：“余于京都肆上得抄本《石头记》三册，与通行本多有不同之处……辛亥（1911年）秋，匆匆旋里，置之会馆中，今遂失矣，惜哉。”在中国历史博物馆的藏书中，有一部《脂砚斋重评石头记》残卷，为1959年秋冬之际在中国书店发现。该残卷为己卯本早年散失的一部分，后被中国历史博物馆所收购。

2000年12月，在北京师范大学发现一部新的《脂砚斋重评石头记》，该书为20世纪50年代后期从琉璃厂古旧书店所购。根据北京师范大学图书馆1957年的“中文图书登录簿”上记录，当时标价为240元。在该书的后面，有“北京市图书同业公会印制”的印章。同时还有一个小章，上有“前门区议价□”的字样。20世纪50年代中期，一些私营的古旧书店出于经营的需要，颇为愿意戴上“红帽子”，于是，便由北京市文化局出面，组织部分在经营上具有一定规模且拥有一定的水平的店主组成了北京书业同业公会议价小组。“前门区议价□”是北京市书业同业公会议价组专门负责琉璃厂一带各个书店的专用章。这个印章，充分说明了该书是由琉璃厂流通出去的。

像这样的事例，在北京琉璃厂的发展中不胜枚举。

在孙殿起的《贩书偶记》卷十二中有这样一条记载：“《红楼梦》一百二十回，图像一卷。曹霑撰，铁岭高鹗、程伟元同删定。乾隆间刊巾箱本，嘉庆间重刊，道光壬辰（1832 年）刊，洞庭王希廉评本，多论赞一卷，大观园图说一卷。”此外，孙殿起还先后收到清光绪二年（1876 年）刊行的《红楼梦偶说》、清光绪十一年（1885 年）刊行的活字版一卷本的《红楼梦词》、民国十四年（1925 年）的《红楼梦抉微》等书。在许多古旧书店的老店员的回忆录中，也有很多关于琉璃厂书肆搜求各种版本《红楼梦》的记载。中国书店的老店员雷梦水先生在其回忆文章中曾记录过：“琉璃厂海王村内的荣华堂店主孙华卿曾于 1947 年在西晓市打鼓摊上以三元的价格购得程乙本《红楼梦》,并转售于来薰阁。”当然，这部程乙本以后的下落就不甚清楚了。

不仅仅如此，在琉璃厂的书肆中，有的人竟然是靠《红楼梦》而发财。在徐珂的《清稗类钞》中有这样一条记述：“京师有陈某者，设书肆于琉璃厂。光绪庚子（1900 年）避难他徙，比归，则家产荡然，懊丧欲死。一日访友于乡，友言：乱离之中，不知何人遗书籍两箱于吾室，君固业此，趣视之。或可货耳。陈检视其书，乃精楷抄本《红楼梦》全部……乃知为禁中物，急携之归而不敢示人。越半载，由同业某介绍，售于某国公使馆秘书，陈遂获巨资,不复忧衣食矣。”琉璃厂是《红楼梦》传播的重要场所，其传播过程中，自然是书肆的店主要用其谋取利益，但客观上却为《红楼梦》的传播和发展起到了积极的促动作用。

当然，在琉璃厂流通的不仅仅是各种版本的《红楼梦》，还有大量的《红楼梦》的续书、《红楼梦》子弟书和有关研究《红楼梦》的著作等，也成为琉璃厂书肆经营的热门内容，甚至有的书肆还自己刊行这些图书销售，足见《红楼梦》在这里的地位和影响之大。比如:清光绪三年（1877年），琉璃厂宝仁堂刊行张其信《红楼梦偶评》一书。琉璃厂的聚珍堂曾先后刊行了清光绪二年(1876年)二十四回木活字本的《红楼梦影》和光绪年间刊行的一卷本《红楼梦赋》。

民国十四年（1925年），琉璃厂书肆松筠阁店主刘际唐在北京西晓市打鼓摊上廉价购到一批旧抄曲本，这批旧抄本有1400余种5131册。经北大教授马隅卿、沈尹默先生鉴定，这批图书为清末北京蒙古族车王府抄本，其内容包括戏曲、俗曲、小说、鼓词、子弟书、乐曲等，而且是未刻之稿本，为研究戏曲小说和民间通俗文学的重要资料，极为珍贵。其中就包括有《红楼梦》子弟书。这批书刘氏卖与孔德学校收藏，抗战时部分转归北京大学，余下的214种2358册中华人民共和国成立后转归首都图书馆收藏。20世纪90年代北京出版社出版的《车王府曲本》就是根据这批图书为底本影印的。

应该说，像《红楼梦》在琉璃厂的传播和演变，是数以万计、十万百万典籍中较为典型的，而且具有一定的代表意义。从乾隆年修四库，到清代“清流党”的文化聚会、乾嘉学派为考据而搜求典籍文献和文物，直至到近现代文人学士在琉璃厂书肆的那种怡然自得的“淘书”，这一切都体现出琉璃厂在传统文化传播上的地位和作用。而这样的作用和影响，可以说在中国的大地上很难再找出一条能与琉璃厂相抗衡和媲美文化中心街区了。

凝结历史文明册页的保护地

琉璃厂不仅仅在我国历代典籍文献流通、保护等方面独具特色，在汇集、发掘、保护和流通着记载和反映华夏文明的文化遗存物——古董、文物等方面也发挥着突出的文化功能。

在琉璃厂这条街上，很多反映着历史文化的重要文物都曾经出现过，尽管这条街上的书肆、古玩店是以赢利为目的，但是他们所经营那些珍贵的典籍、古董、碑帖等文物，往往客观上起到了发掘和保护的作用，很多历史上著名的文物就是靠琉璃厂收集和保存起来的，这样的事例在琉璃厂的历史上不胜枚举。

毛公鼎是我国二千八百多年前的一件宗庙祭器，可谓是社稷重器。它的内壁铸有五百个字的长铭，是现存商代以来铭文的青铜器中，铭文最长的一件。铭文的基本内容是说：周宣王即位之初，亟思振兴朝政，乃请叔父毛公为其治理国家内外的大小政务，并饬勤公无私，又令毛公族人担任禁卫军，保护王室，最后颁赠厚赐，毛公因而铸鼎传示子孙永

毛公鼎

宝。由此考证，毛公鼎应铸于周宣王元年（公元前827年），其铭文是研究西周史最珍贵的文献，也因此毛公鼎可称是举世瑰宝重器。道光年间，毛公鼎从陕西岐山出土，咸丰二年（1852年）陕西古董商苏亿年将毛公鼎运到北京。苏氏找到琉璃厂的著名古玩铺德宝斋，德宝斋的掌柜李诚甫将毛公鼎卖给翰林学士陈介祺。德宝斋和李诚甫在其经营的历史上颇值得一书者，毛公鼎是其中的精彩之笔。陈介祺为著名收藏家，他在青铜器、陶器、古钱、古印玺、石刻造像等领域的收藏极为丰富，尤其是搜求秦汉印章上极为突出，曾在其家乡修筑"万印楼"收藏他所收集的文物。陈介祺对其他藏品都乐于公之于世，惟有毛公鼎，他是深锁严藏而秘不示人，足见他对毛公鼎的珍视。陈介祺去世以后，其后人又收藏了毛公鼎三十余年，宣统年间时任两江总督的端方强行从陈家后人手中将毛公鼎买走。端方死后其家人将毛公鼎抵押在天津的华俄道胜银行。民国九年（1920年）世间传言一美国商人欲出资五万美元将毛公鼎买走，国内舆论哗然。曾任北洋政府财政总长、交通总长的收藏家叶恭绰筹措资金将毛公鼎买下来。抗日战争期间，日本人曾经多次打毛公鼎的主意，但最终未能得手。后叶恭绰迫于生计只好靠变卖文物度日，正好上海商人陈咏仁希望购买毛公鼎，并表示抗战胜利后捐献国家，叶恭绰将毛公鼎转让给陈咏仁，民国三十五年（1946年）陈咏仁将毛公鼎捐献给南京国民党政府，后被转移到台湾，现存于台湾故宫博物院。

当然，琉璃厂古玩铺经手的不仅仅是一个毛公鼎，著名的大盂鼎也曾经经过琉璃厂古玩铺流传过。大盂鼎，又称廿三祀盂鼎，

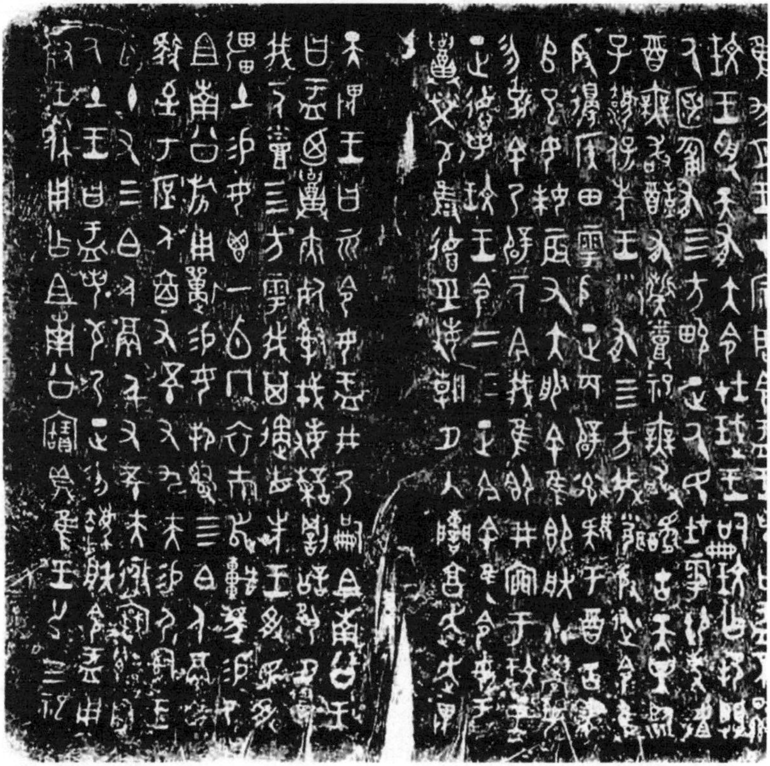

大盂鼎拓片

鼎高1021毫米，直径784毫米，腹深490毫米，重达153.5公斤。鼎为立耳、深垂腹，鼎腹上部饰有曲折角兽面纹，鼎足上饰有外卷角兽面纹、出脊，铸造极为精美，是三代青铜器的精品，也是现存最大的西周时期青铜器。鼎内铸有铭文19行共291字。铭文记载的是周康王对贵族盂的训诰和赏赐。由于其铭文数量多，而且又记载完备，是后人研究西周时代社会状况的重要依据，也是反映中国古代文字演变的珍贵的实物资料。道光初年大盂鼎在陕西岐山礼村出土，出土后先被岐山士绅宋金鉴收藏，不久又

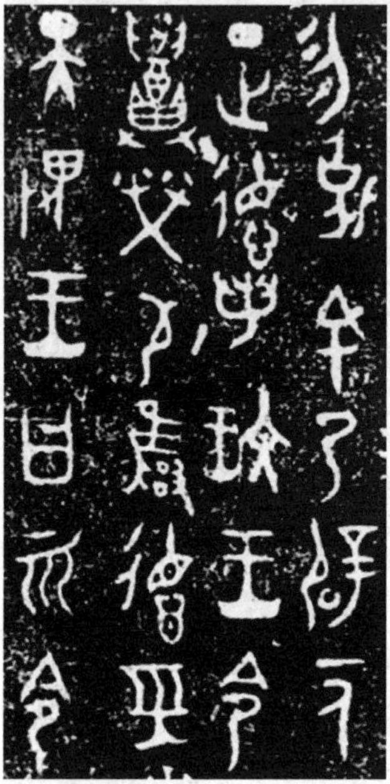
大盂鼎拓片局部

转手给岐山县令周庚盛所有，周氏收藏一段时间后大盂鼎又被辗转卖到琉璃厂的古玩铺中。道光三十年（1850 年），宋金鉴会考中翰林，便又将大盂鼎以三千两白银购回。宋金鉴死后，其后人将大盂鼎作价七百两白银转让给陕甘总督左宗棠的僚属袁保恒，袁将大盂鼎献给上司左宗棠。左宗棠被永州总兵樊燮谗言而获罪，经侍读学士的潘祖荫向咸丰皇帝竭力保举方躲过一劫，左宗棠为感谢潘祖荫的援手，遂将大盂鼎送给潘祖荫。潘祖荫曾任清代工部尚书、军机大臣，是著名的金石学家。潘祖荫获得大盂鼎后颇为得意，还曾经请琉璃厂德宝斋掌柜李诚甫“掌眼”。潘祖荫死后，其后人历经曲折，始终收藏着大盂鼎。1951 年潘家后人将大盂鼎和当年由德宝斋李诚甫卖给潘祖荫的大克鼎一并捐献给上海博物馆。1959 年中国历史博物馆建成后，上海博物馆将大盂鼎调给中国历史博物馆收藏。

此外，著名的西周后期厉王时代的青铜器散氏盘也在琉璃厂古玩铺流通过。散氏盘的铭文也是 19 行，每行 19 字，除有个别几个字锈蚀不可辨认之外，能认出者为 357 字。铭文内容涉及西周厉王时代诸侯国之间围绕土地纷争的历史。散氏盘于乾隆中叶

散氏盘

出土后，被陕西一商人带到琉璃厂，经一个王姓的古玩商卖给了一个扬州的翰林江某人。光绪年后期，式古斋掌柜孙桂澂曾经从扬州购买到散氏盘的一张拓片，卖给端方，端方极为高兴，竟然赏给孙桂澂白银三百两。散氏盘一名还是由清代著名学者阮元考证后命名的。阮元是乾隆年间进士，在乾隆、嘉庆和道光三朝为官，官至体仁阁大学士加太傅，为清代著名学者，金史考据大家。他曾主编《经籍籑诂》，校刊《十三经注疏》，汇刻《皇清经解》，是乾嘉考据学派的代表性人物。阮元是不是收藏或见到过散氏盘已无从考证，但是他根据散氏盘的铭文拓片详加考证，最后将这件青铜

散氏盘拓片

器定名为“散氏盘”却是他的功劳。嘉庆十五年（1810 年），两江总督阿毓宝听说散氏盘极为珍贵，便设法买到手中，进献给嘉庆皇帝作为寿礼，从此散氏盘便一直收藏在紫禁城中。故宫被民国政府接收后，保存在故宫博物院，抗日战争爆发前散氏盘随故宫博物院的其他文物一道辗转各地，现存于台湾故宫博物院。

在琉璃厂的发展历史上，像这样流传和保护的重要文物数以万计，不胜枚举。尽管琉璃厂的古玩铺、书肆是为了谋求利润四处搜求凝结华夏文明的各种历史遗存器物或者文献，但是客观上对文物的发掘和保护起到了积极的作用。也正是由于此，人们把琉璃厂视为传统文化遗存的保护地。

新春厂甸

谈到琉璃厂，谈到京城的重大文化活动，不能不提到声名远播的琉璃厂的新春逛厂甸。琉璃厂一年一度的新春厂甸盛会是北京城的一次重要的民俗活动。

庙会，又称“庙市”，是一种以宗教活动为缘的民间集市贸易形式之一，因其多在庙内及其附近举行，故得此名。北京庙会起源于何时现在已很难考证清楚，但在辽代的北京已经有了“上巳春游”，实际上是庙会的早期兴起。元、明、清三代，北京的庙会进一步发展，并成为北京城以宗教为起源的重要的文化、经济活动，成为京城社会文化生活的重要组成部分。北京庙会一般分为三种：一种是每月定期轮流开放的庙会，这种庙会渐渐地演

厂甸集市

变成商业性、娱乐性的集市，像隆福寺、护国寺、白塔寺、土地庙、花市等处的庙会就是这一类型。二是传统年节或与佛、道等宗教祭祀活动的开展而形成的按照一定时间开放的临时庙会，如前门关地庙、五显财神庙、大钟寺、黄寺、黑寺、雍和宫、蟠桃宫、妙峰山、卧佛寺等庙会。这一类的庙会特点是以宗教活动为主，同时形成有日用百货、儿童玩具出售、民间艺人演出的商业经营和相应的文化活动。第三类是行业庙会，以往很多行业都有祭祀祖师的定例，每年一次。一般都是结合本行业祖师诞辰日子举行所谓的“善会”，如八月初一至初三日在崇文门外花市都灶君庙的厨行祭祀活动，五月初五安定门外极乐林瓦木行的祭祀和三月二十九日丰台花神庙花农的祭祀等行业祭奠活动中，都有“善会”，由此而形成相应的庙会活动。琉璃厂的新春厂甸庙会基本属于第二种庙会类型。

厂甸集市上卖山里红的

厂甸庙会卖灯笼（首图供稿）

厂甸盛会最早可以溯源到明代末年的“春场”，每逢新春时节，琉璃厂便设有货摊，出售各种小孩玩意儿、琉璃瓶以及杂货等。在刘侗的《帝京景物略·春场》中记载：“正

海王村内玩具摊

月元旦……东之琉璃厂……卖琉璃瓶，盛朱鱼，转侧其影小大俄忽。”此时的琉璃厂新春时节，已经开始出现了游玩的新春集市。清代初年，东华门外的灯市被废止，城内的灯市便移到琉璃厂火神庙，新春集市便随之而兴。之所以出现明代内城十分兴盛的灯市、庙会逐渐地向琉璃厂转移，是和清代实行的满汉分城而居的政策有着直接的关联。也正是由于清初实行的这种政策，对琉璃厂新春厂甸的形成和兴盛起到了直接的刺激作用。经过长年的演变，终于形成厂甸新春盛会。每年正月初四至十六，称为“开厂甸”，京城各处甚至畿辅各县、河北诸地商贩云集于此，搭棚设摊，书籍、字画、古玩、纸张、碑帖、日用杂品、儿童玩具、干鲜果品、风味小吃，无所不具。厂甸是北京旧时正月里最热闹的地方，所谓“厂甸开时百货全，肩摩毂击日喧阗”，新春厂甸盛会自清乾

海王村内玩具摊

隆年间到民国时期，一直极为繁盛，据民国十九年（1930年）统计，当年参加厂甸集市的商贩近一千户，其中玉器、古玩商贩为三百多户，数量最多。古玩摊商二百多户居其次。而卖日用品的商贩一百多家，其他商贩为二百多户，这样一个出摊的规模，足见其规模之盛。

新春厂甸所包括的范围以海王村为中心，东至火神庙，西至西琉璃厂中间，南至沙土园口，北至西河沿口。每年正月初四，适值新春闲暇，琉璃厂“一市人如海”，红男绿女、老叟幼童，纷纷到此观赏游玩，选购中意物品，俗称为“逛厂甸”。新春厂甸的兴盛也成为各个不同时期文人雅士津津乐道的京城文化风俗,他们用自己的笔墨记述了新春厂甸的盛况。清吴长元所辑《宸垣识略》中记载:“自正月元旦至十五，厂前陈设杂技，钲鼓聒耳、游人杂沓、市肆玩好、书画、时果无不毕集。”汪启淑在他的《水曹清暇录》记述说:“琉璃厂在正阳门西,盖造内用琉璃瓦窑也……街长里许，百货毕集，玩器书肆尤多，元旦至十六日，游者极盛，奇景异观，车马辐辏。”道光年间的诗人杨静亭逛厂甸后顺手写下了竹枝词：“新开厂甸值新春，玩好图书百货陈；裘马翩翩贵公子，往来多是读书人。”像这样的咏唱琉璃厂新春厂甸的竹枝词，比比皆是。此外，潘荣升的《帝京岁时纪胜》、富察敦崇的《燕京岁时记》等诸书中都有逛厂甸的记载。当然，现存有关资料记载新春厂甸最多的还是清末民初时期的厂甸盛况。

新春时节，琉璃厂的海王村公园（今中国书店总店所在地）人头攒动，风车、空竹、风筝、琉璃喇叭等玩具摊杂陈于此。五彩斑斓的彩色风轮，圆乎乎的小泥鼓构成的风车在寒风中哗啦啦地响着，掺杂着小商贩们的吆喝声，成为琉璃厂新春的一大景色。

新春厂甸风车摊

琉璃厂甸的风车是新春逛厂甸的一个标识性的玩意儿。北京的玩意儿中有风车已经是很悠久的历史了，明末刘侗在他的《帝京景物略》记载着：“风车则剖秫秸二寸，错互贴方纸其两端，纸各红绿，中孔，以细横安秫竿上，迎风张而疾趋，则转如轮，红绿浑浑如晕，曰‘风车’。”琉璃厂的新春盛会上的风车格外的显眼，也极受人们的喜好。正月的北京，寒风总是格外的亲近，吹得人们缩手缩脚，让人感到严冬的冷酷。可在逛厂甸的时候，人们好像已经忘却了凛冽的寒风带来的寒气，似乎心中对风有着

厂甸庙会卖噗噗噔（首图供稿）

厂甸庙会卖关东糖（首图供稿）

一些企盼，盼着那北风再大一点，让那色彩绚丽的大风车的彩轮转得更欢，敲得更响。也许这就是老北京人善于在不利的自然环境中寻求快乐的能力，也许这体现了老北京人乐观向上的一种气度。但不管怎么说，新春厂甸的大风车带给人们的是喜气洋洋的气氛，是严冬时节的一股快乐的暖流。

在海王村院里的玩具摊上，孩子们玩的弹弓子，用木头或向日葵秆做的刀剑，能在水盆中漂着的蜡作小鸭子、小金鱼，还有风筝、空竹、噗噗噔、兔爷儿、泥人模子，林林总总，招的孩子们跑前看后，目不暇接。玩具摊前总是聚着那些欢喜不已的孩童，他们或者缠着大人非要买上一两样小玩意儿，或者自己从兜里摸出刚刚从长辈那里讨来的压岁钱，和小贩们讨价还价，他们成了庙会忠实的消费者，也是给厂甸盛会带来喜悦的希望。

海王村公园内和东西门外的小吃摊，一溜诱人的应春的小吃

厂甸庙会卖糖葫芦

厂甸庙会卖面人的

让人们禁不住地驻足，艾窝窝、豌豆黄、驴打滚、棉花糖等诱馋着人们垂涎欲滴。而海王村公园东墙外和吕祖祠相对的小巷里，北京日常街头叫卖的吃食担，都集中在这里，爆肚、豆汁、扒糕、凉粉、炸灌肠、小火烧、面茶汤、豆腐脑、八宝饭、煎春卷儿、炸松肉、芸豆卷、镜糕、江米粥等散发着诱人的香味。熙熙攘攘的人群，弥漫着香气扑鼻的小吃，商贩们高声的吆喝声，伴随着风车的鸣响，构成了一幅生动的市井图画。

游动的人群中，时常看到孩子们手中举着一串串几尺长的大糖葫芦。厂甸的大糖葫芦与大风车一样，已经成为琉璃厂新春时节的一个标志。三尺多长的竹签子，把那蘸了糖的山楂一溜儿地穿起来，竹签的头上还粘上一个小小的三角彩旗，喜笑颜开的孩子们得意地一手举着哗啦啦作响的大风车，一手举着摇摇晃晃的长长的大糖葫芦，不用说，只有在琉璃厂的新春厂甸才能看到这样的情形。有人用竹枝词咏道：

海王村内料器摊（首图供稿）

“三尺动摇风欲折，葫芦一串蘸冰糖。”这是逛厂甸的真实的写照，实际上这已经是新春逛厂甸的一种象征，一个京城琉璃厂春节的风俗形象。

海王村公园内两侧，玉器古玩、碧翠簪环、鼎尊炉瓶陈列于一个个摊位上。珠宝摊上面摆放着珠宝首饰、玉器摆件、钻戒、耳环、领花等，吸引着贵妇少女驻足挑选。古董摊前码放着瓷器、铜器、漆雕、牙雕，卖图章的商贩摆着各种鸡血石、田黄、玛瑙、冻石、水晶等章料，也有的即时治印，等着主顾。富贵之人盘桓此处，与摊主讨价还价，鉴赏者品头论足，把玩观赏。

厂甸南北、新华街马路西侧人行道上，集中的基本上是书摊，这里既有古今典籍，又有零本簿册，历朝碑帖、新旧典籍杂乱地堆放着，文人雅客埋头于此，总希望淘换几本得意的书籍，捡点漏什么的，享受着淘书的快乐。

琉璃厂旧货摊（20世纪30年代）

海王村公园北面、新华街马路两侧，芦席搭的画棚吸引着文人学子驻足观赏，画棚里面既满满当当地挂着旧中堂、旧对联以及真、草、隶、篆不同风格的书法作品，也悬着山水、花卉、翎毛、草虫、仕女、楼台、写意花鸟的画作，数百米的街道上，一溜儿临时搭起的棚子鳞次栉比，逛厂甸的人们看完一处，又进一间，颇有点免费书画展览的味道，让学子文人乐此不疲地来回串着、看着。

当然，在离海王村公园远一点的街巷上，游人渐稀的地方，多是一些比较简陋的地摊。设摊的小贩往往是在地上铺一块布，摆些从晓市或打小鼓的手里淘换来的旧工艺品或生活器物，有的本身就是打小鼓的出来设摊。这些人卖的也就是各种零星旧货、一些小玩意儿什么的，有人买点，也就是十个铜圆的生意，在新春厂甸中属于比较可怜的。但是由于这些小摊价格低廉，再加上光顾的人少，可以慢慢地仔细地拣选、淘换，很受一些文人学者关注。周肇祥先生就时常光顾这样的小摊，在他的《琉璃厂杂记》中就有这样的记录。鲁迅先生也很喜欢在这样的小摊上闲逛，也时常买点零星的旧货。

而更多的游人涌向园外，观看百戏杂耍。海王村东门外吕祖祠前，变戏法、拉洋片、练武术、划旱船、踩高跷以及测字、算卦等都集中于此，喧闹的锣鼓点、拖着长声的唱调，还时常夹杂着故作玄秘的低声招揽游客占卜算卦的低语细声，让这里几乎成

残破不堪的琉璃厂吕祖祠

了“蛤蟆坑”一般的热闹。

海王村内茶摊（首图供稿）

喧闹的场景，摩肩接踵的人群，渐渐地让那些平日很少出门的妇人腿酸脚疼，海王村公园院子中间的茶摊便成了她们歇脚的好去处。茶棚之中，珠光宝气的贵妇、花枝招展的少妇、清纯秀丽的少女歇脚聊天，欢声燕语，嬉笑成团。而一些少年风流郎总是想方设法地向前凑近，女人越多，茶棚的生意就越是红火。茶棚的伙计系着白围裙，立在栏杆边招揽着顾客。有时看到客人少了，就打起了歪主意，站在高处吆喝着：“来……往这儿来呀……这儿得瞧……这儿歇歇呀。”一些少年还真的进去喝茶，不过说是喝茶，却是“茶翁之意不在茶”，想着和那些歇脚的少妇娇女凑点近乎。

离开海王村公园往东，新春厂甸另一个热闹非凡的地方就是东琉璃厂路北的火神庙（今宣武区文化馆院内）。琉璃厂火神庙为道教寺院，始建于明代，清乾隆四十一年（1776 年）九月，曾经对火神庙进行大规模整修，今天的火神庙主要建筑格局就是乾隆年间重修后留存下来的。民国十三年（1924 年）火神庙被重新修整后改为“文化商场”，博久书局、同善堂、文汇阁等书肆在这里设摊经营。厂甸新春期间，这里便开辟为市场，庙内罩棚下搭起了珠宝摊、古玩摊、玉器摊和书画摊等，在前门外的廊房头条、二条、三条以及珠宝市一带的金店、首饰楼、玉器铺等店铺纷纷在此开摊设点，销售珠宝、金银首饰、玉器等较为贵重的商品，这些摊位当时被称为“红货摊”。由于这里新春期间客流量大，又有很旺的生意气，一些在东交民巷开钻石行的外国人也想办法挤进来。还有一些古玩铺或珠宝店，就是为炫耀自己店铺的经营实力，和同行其他店铺比阔，将自己搜求来的奇珍异宝悉数摆了出来，有人称其为“晾宝会”。富察敦崇在《燕京岁时记》中曾记述：“红货在火神庙，珠宝晶莹，鼎彝罗列。”当然，到这

琉璃厂火神庙内景（20世纪30年代）（首图供稿）

里一般的平民百姓也就是看看饱饱眼福而已，倒是像一个免费的珠宝翠钻的博览会，于是凡逛厂甸的游人，都要到火神庙看一看，结果这里时常是人山人海，但看的多，买的人少。

厂甸新春庙会不仅仅白天喧闹繁华，晚上也很是热闹。入夜之后，琉璃厂各个店铺张灯结彩，争奇斗妍。游客们也是有观灯的、有玩灯的，还有放焰火、点鞭炮的。一时间琉璃厂火树银花，亮如白昼。而灯会上的铁判官，更是吸引人们的注意。相传琉璃厂新春时节灯会上的铁判官为铸铁制成，高丈余，腹内空腔，灯会的时候里面点燃炭火，火舌由判官的口、耳、鼻、眼中喷射出来，凶恶但又威严。人们企盼着喷着火光、恶煞般的铁判官能驱除邪

琉璃厂蜡签摊（首图供稿）

2004年新春厂甸搭建的仿旧海王村公园大门

恶，给人们带来祥和安宁。

作为京城一大文化盛会，新春厂甸成为人们一种文化享受。这一盛会从乾隆年间兴盛发展，到民国初年发展到顶峰，一直是京城春节期间的一个重要的文化活动，也成为北京风俗的一个重要的代表。日伪统治时期，琉璃厂新春厂甸逐渐衰落。20 世纪 50 年代，厂甸庙会再次兴旺起来，当时北京的市民春节期间逛厂甸是一件极其惬意的享受，东西琉璃厂张灯结彩，南新华街上，席棚、摊商鳞次栉比，花灯彩旗遮天蔽日，

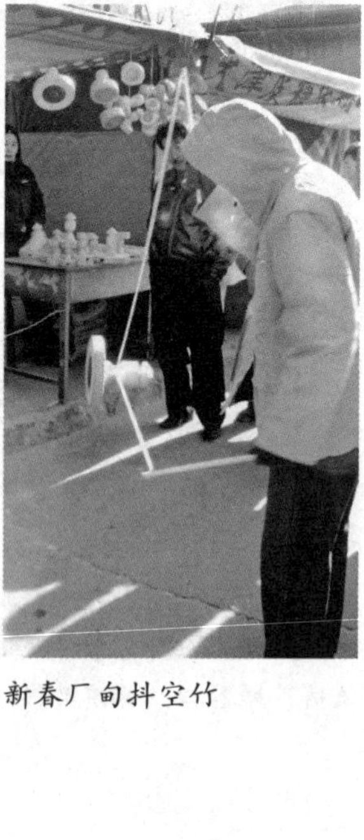

新春厂甸抖空竹

厂甸始终是人山人海，空竹声、风车声、“踩高跷”的锣鼓声和人们的欢笑声响成一片。1964 年，是 20 世纪最后一次举办厂甸盛会,当时的报纸报道说,北京市逛厂甸的市民达四百万人次。《中国教育报》曾采访家住琉璃厂东街东北园胡同的一位八十余岁的老先生，据他回忆说：1964 年刚刚度过三年“自然灾害”，人们穿的还挺好，逛厂甸的人也不少，但就是缺少风味小吃。而且由于食品是凭票凭本供应的，人们只能买葵花子嗑着吃，当时厂甸散场时南新华街上留下二寸多厚的瓜子皮。1964 年以后，新春厂甸盛会终止三十七年之久。2001 年，北京市有关方面和宣武区政府恢复新春厂甸盛会，举办“北京厂甸文化庙会”。尽管与以往的厂甸庙会有很大的差异，出现彩妆游行时，穿着清代服饰的人与民国时期装束的人走在一个队伍中，但毕竟又在很大程度上恢复了昔日琉璃厂甸的欢快景象，让民众有了一个具有悠久传统的新春娱乐活动。

结 语

——琉璃厂文化街留给我们的思考

琉璃厂在北京文化发展史上所形成的积极的影响和特殊的文化区域功能，使得琉璃厂文化街成为蜚声中外的华夏文明长廊，被誉为中国传统文化的缩影和窗口，并成为今天北京重要的旅游景点。

总结琉璃厂的形成和发展，给我们以极大的启示。我们需要构筑起一个全新时代的北京文化体系，需要在历史的积淀中去提炼民族文化的精髓，需要从北京传统文化的发展历程中探求我们构筑新文化体系的“北京文化精神”。这对我们来说，既是极为迫切的现实课题，也是为今后北京文化发展提供直接借鉴的基础。我们不可能空泛地去讨论一个虚幻的北京文化，我们需要从北京历史的每一个阶段、每一个文化领域、每一种文化形态中去发掘、去归纳、去提纯。因此，客观的认识和探讨琉璃厂的历史发展规律和文化功能，从一个具体的文化区域去探究京城文化发展的基本脉络和特点，有着直接的借鉴作用和现实意义。

第一，琉璃厂乃至宣南地区的城市文化氛围为传统文化载体的传承和流通提供了良好的生存环境和发展空间。

清代初期琉璃厂附近地区居住的大批的文化名流、宣南地区的众多会馆使得这里成为北京重要的文化区域。寓居此处的文人雅士、不断流动的各地学子和进京官员成为琉璃厂文化街的主要文化消费群体。而琉璃厂鳞次栉比的店肆成为流通、传播传统文化载体的基本渠道。这一切为历朝各代的图书典籍、文房四宝、金石碑帖乃至古玩珠宝等的流通以及迅速地向全国各地传播，提供了良好的物质生存基础和发展环境。如果琉璃厂地区没有这样的物质条件，很难想象这里能够成为北京文化的流通中心和重要的活动区域。

今天的宣南地区，虽然已经与清代的情况有很大的改变，已经不能再企盼着让今天的宣南地区再拥有清代初期那样的居民结构成分。但是，琉璃厂的声誉已经伴随着它的历史而广为扩散，以至于很多人，特别是要了解和研究中国传统文化人士，认为到北京没有逛琉璃厂，枉来北京一次。琉璃厂文化街的这种历史名望的积淀应该得到高度的重视，更应该格外地珍惜。以往的历程，由于种种历史的原因，让宣南地区固有的文化底蕴、文化氛围几乎消失殆尽，这是已经无可挽回的历史。但是，如果我们今天还在不自觉地消灭着琉璃厂享有盛誉的传统文化资本，这将是文化古都的悲哀。珍视琉璃厂文化街的历史名望，是它在今后的生存、发展和再度兴盛的关键所在。

第二，琉璃厂各个店铺丰富的经营内容和鲜明的行业文化特征，成为文化街发展繁荣的优质土壤。

琉璃厂文化街以其经营的文化商品的丰富、文化氛围的多元化而在北京文化发展史上留下了浓重的一笔。在这一地域形成和不断发生的文化经营、文化活动中，既有显示中国传统历史凝重的经典文化成分，也同时包含着轻松活泼的世俗文化内容，在文化结构上显示出多层次的特点，并且具有极大的包容性、融合力和辐射性。这样的文化结构和文化组成自然对琉璃厂的发展有着至关重要的影响。但是，这一切都是建立在琉璃厂这条街一个个具体店肆鲜明的经营特色和丰富的经营品种之上。同时，灵活的经营方式、传统的经营风格和具有亲和力的服务给人们带来一种高雅的享受。正是由于这样，才会不断地吸引人们流连于此。

相比之下，今天的琉璃厂文化街正在逐渐地失去它那丰厚的历史文化底蕴，又缺乏鲜活的文化养分的补充。各个不同的商铺在渐渐地失去其特有的经营风格和经营内容，越来越像各地所有的旅游景点，一般化的趋向日趋显露，这无疑对琉璃厂的未来是一个危险的信号。我们并不是简单地强调“复古”，也不能依旧抱着二百多年前的城市文化形态来对待琉璃厂的今天。事实上，琉璃厂的每一个历史发展阶段，书肆业、古玩业、字画行都在按照社会进步和北京文化的发展不断地调整着自己，吸纳着新鲜的文化养分，拓展着新的文化经营门路。但是，无论是怎样的发展，如何的调整或开拓，有一个发展规则是贯穿在琉璃厂各个行业之中的，那就是：突出各自的业务特色，形成多层次、多元化的文化经营门类，竭力满足消费群体的文化需求。这是琉璃厂数百年来延绵不断发展的规律，也是琉璃厂各个行业为自己生存、发展而自发地培植“优良土壤”。

第三，琉璃厂诸行业涌现出的专家式文化商人，是琉璃厂文化街的“活泼性元素”和主导力量,他们是琉璃厂的发展传承载体。

琉璃厂文化街的发展及其不断地汇入新鲜的文化成分，很大程度上仰仗于这条街上有一批具有较高的专业造诣、精于文化经营买卖的“专家式”商贾。他们或是东家兼掌柜的，或是职业的经理人才，或是具有较高专业水准的伙计、手艺人，但他们有一点是共同的：就是在不同的文化门类的经营实践中，逐步积累了丰富的经营经验和高超的专业技能，很多人甚至是某一文化学术领域的专家。他们为了谋求最大的利润，潜心钻研自己所从事行业的专业知识,从师傅身上学,从顾客身上学,不断地积累和提高,形成了一支具有很高水平的专业经营力量。这些专家式的文化商贾，因为要在生意场上立于不败之地，谋求可观的利润，自然对其所经营的内容不敢怠慢。经营和利润的驱动，使得他们自觉地在具体的业务实践中不断地摸索，研究相关专业的问题，钻研专业技能，是琉璃厂文化街得以不断发展的中坚力量。有的人甚至著书立说，成为一个专业的专家、权威。

琉璃厂带给我们的启示，为琉璃厂未来的发展有着极其重要的历史借鉴，从某种意义上说，这也是琉璃厂历经数百年而在京城乃至全国文化发展中功勋卓著的根本所在。

参考书目

《契丹国志》点校本，上海，上海古籍出版社，1985年

《清实录》，北京，中华书局，1986年

《大清一统志》，上海，上海古籍出版社，《四部丛刊续编》本，2008年

《宋会要辑稿》，北京，中华书局，1957年

《宋史》，北京，中华书局

《元史》，北京，中华书局

《析津志辑佚》，北京，北京古籍出版社，1983年

吴长元：《宸垣识略》，北京，北京古籍出版社，1982年

震钧：《天咫偶闻》，北京，北京古籍出版社，1982

扬雄：《扬子·法言》，北京，中华书局，1958年

苏辙：《栾城集》，上海，上海古籍出版社，1987年

陈邦瞻：《元史纪事本末》，北京，中华书局，1979年

胡应麟 :《少室山房类稿》,明万历四十六年刊本

叶德辉 :《书林清话》,北京,北京古籍出版社,1957 年

孙殿起 :《丛书目录拾遗》,1934 年

孙殿起 :《琉璃厂小志》,北京,北京古籍出版社,1962 年,1982 年再版

叶祖孚 :《北京琉璃厂》,北京,北京燕山出版社,1997 年

王冶秋 :《琉璃厂史话》,北京,三联书店,1962 年

周肇祥 :《琉璃厂杂记》,赵珩、海波点校,北京,北京燕山出版社,1995 年

陈重远 :《文物话春秋》,北京,北京出版社,2000 年

陈重远 :《古玩谈旧闻》,北京,北京出版社,2000 年

陈重远 :《收藏讲史话》,北京,北京出版社,2000 年

戴璐 :《藤阴杂记》,北京,北京古籍出版社,1982 年

陈高华 :《元大都》,北京,北京出版社,1982 年

赵汝珍 :《古玩指南》,北京,中国书店,1984 年

后　记

琉璃厂——一个令文人学士魂牵梦萦的文化街区，曾经有过它的辉煌和成就。四十多年前自己还是一个学生的时候，周末不上课时便跑到这里闲逛，被这里所经营的一切深深吸引。当时还是“文化大革命”后期，很多店铺只对外宾开放，我一个毛头孩子，也曾经懵懵懂懂地一头扎进中国书店的外宾服务部，被人家撵了出来。20 世纪 80 年代，自己抱着到中国书店可以多看书的念头到中国书店当学徒，从此与琉璃厂结下了不解之缘。三十多年，自己一直对琉璃厂的历史及其文化内涵有着浓厚的兴趣。

2004 年，谭烈飞兄长邀我撰写《北京地方志·风物图志丛书》中的《琉璃厂》一书。当时觉得自己就在琉璃厂这条街工作，未加思索地答应了。然而，平日的忙碌使得自己在写这本小册子的时候总是时断时续，哩哩啦啦拖到 2005 年下半年才交稿。幸好北京出版社的于虹女士宽厚仁怀，念我为同行，体谅平日忙碌之苦，尽管我成为那套丛书中表现最为“恶劣”的作者，但依旧多方关照，使得这本小册子得以完成。书稿完成后曾得段柄仁先生的指点，并提出了很多中肯的修改意见。段公柄仁先生对北京传统文化的研究一直给予很大的支持，20 世纪 90 年代初中国书店曾想编辑出版一套介绍北京历史的普及丛书，在选题论证会上段公莅临指导，发表了极为精辟的意见。后虽然该丛书没有上马，但段公赐教依旧记忆深刻。此书的出版还得到韩朴兄、李成兄及王伟、尹树国等先生的诸多支持。当年若没有诸位好友、兄长的帮助，这部小书也恐难以成型。

《琉璃厂》2006 年出版后，很多好友、读者都曾对这部小书给予充分肯定，也提出了一些建议。2017 年下半年，于虹女士告知《琉璃厂》一书列入《京华通览》丛书之中，承蒙段公柄仁先生及谭烈飞、于虹诸君厚爱，这部小书再次忝列其中，令我诚惶诚恐。根据相关要求，对原书稿略作修正，补充了一些图片。希望这部小书能让更多的读者关注北京的琉璃厂，从琉璃厂文化街的历史变迁以及诸行当的发展规律中寻求历史借鉴，对我们构筑新时代的北京文化有所参考。

马建农

2017 年 11 月